1分彼女の法則

恋も人生もうまくいく
予祝のススメ

フォレスト出版

「わたしの未来は、どうなるのだろう」
と思うのではなく、

「あなたは、どうしたいのか」

ということなんです。

★プロローグ★

一生幸せになってしまう「あみだくじ」

さっそくですが、幸せになっちゃうゲームをしましょう。

このゲームで、人生において、恋も仕事も結婚も、何もかも、うまくいく秘訣《ひけつ》がわかります。

あなたの人生を変えるゲーム、それはこちらの「あみだくじ」です（次ページ）。

図の上が「現在」で、下が「未来」。

現在地点のⒶ〜Ⓔまで、1つだけ「大吉」の未来につながっています。

何度やり直してもいいので、何分で大吉の「未来」にたどり着けるか、タイマーではかって挑戦してみてください。

では、始めてください。

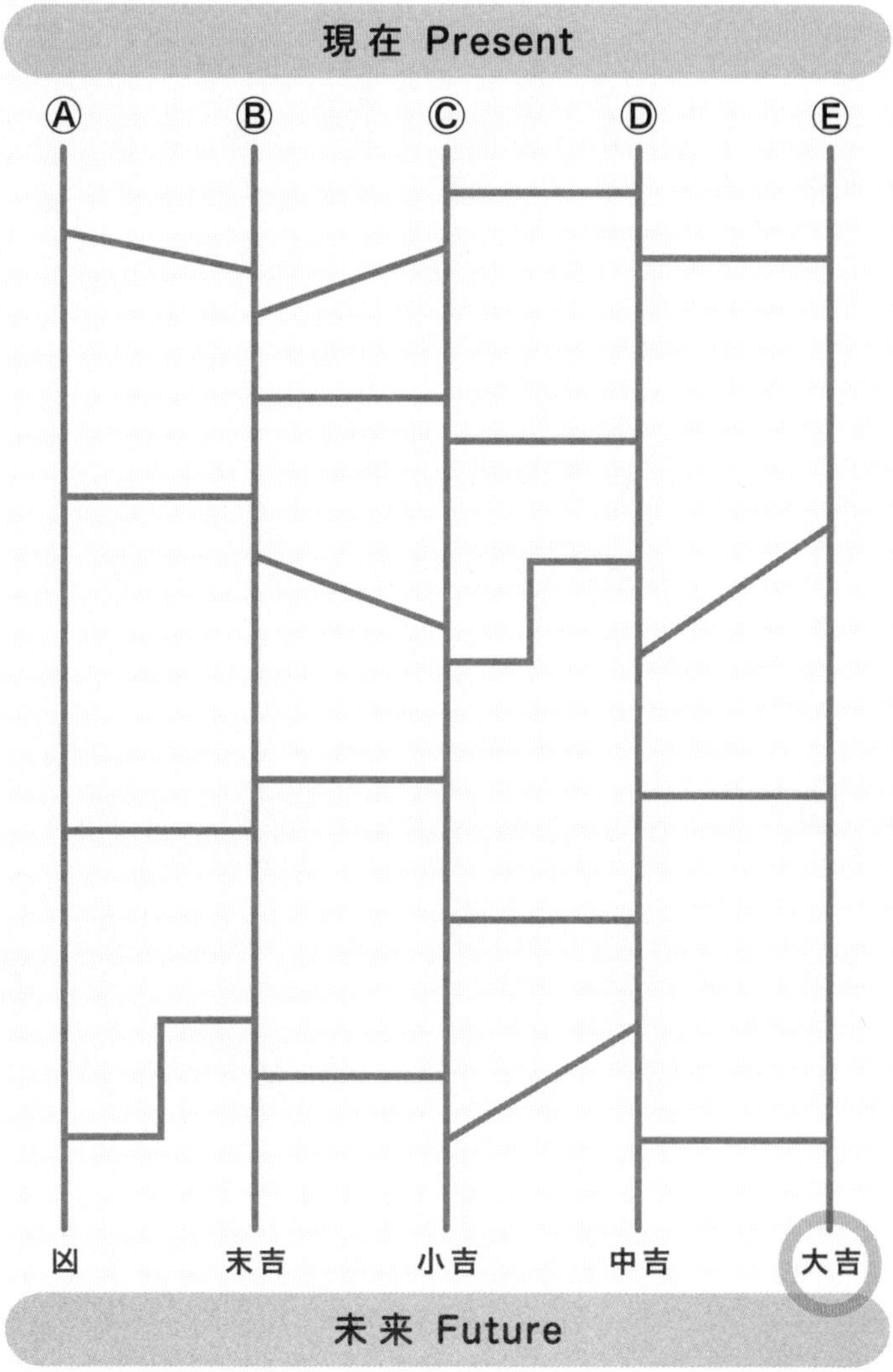
現在 Present
Ⓐ
Ⓑ
Ⓒ
Ⓓ
Ⓔ
凶
末吉
小吉
中吉
大吉
未来 Future

さて、どれくらいの時間がかかりました？

10秒以内に「大吉」の未来にたどり着けた人はいますか？

10秒以内にたどり着けた人は、恋も仕事も、この先の人生全部うまくいくことでしょう。

そんな速くできるわけがないと思いましたか？

それができるんです。

実は、誰でも10秒以内に「大吉」の未来を選択する方法があったんです！

「大吉」の未来から、逆をたどって現在に戻ってくれば、10秒でいけたんです。

そうです！

現在から未来に流れる時間を、うまくいっている未来から現在に逆回転させることが、うまくいく人の発想法なんです。


「現在」から、「願う未来」を想像すると「自分にはムリ」「どうしたらそうなれるのか想像もつかない」といった不安や焦りが先に生じてきます。先ほどのあみだくじでも、Ⓐを選べばいいのか、Ⓒを選べばいいのか、最初の段階で迷ったと思います。でも、それを逆回転させて、「願いが叶《かな》った未来」からたどっていけばいいのです。現在から未来を見わたすと、霧に覆われて一寸先は闇《やみ》のように見えます。

でも、最高の未来から現在に逆にたどっていけばそこは1本道。「未知」は光に照らされた「道」となります。

たどり着きたいゴール（未来）から逆回転させていくのが、恋も仕事も、人生がうまくいく秘訣なのです。

たとえば、人生がうまくいかない人たちはこう考えます。

「どうしたら、恋人ができるんだろう？」

「どうしたら、結婚できるんだろう？」

「どうしたら、夢が叶うんだろう？」

こんなふうに、人生がなかなか好転していかない人たちは、現在から未来を発想します。

そのときに湧き上がる感情は「どうすればいいだろう」「わたしにできるかな」という不安

や恐れです。


でも、うまくいく人たちはこう考えます。

「恋人ができたら、何したいかな（ワクワク）」

「いつか出会う結婚相手と、どんな家庭をつくろうかな（ワクワク）」

「夢が叶っているとしたら、どんな生活を送っているかな（ワクワク）」

最高の未来から発想すると、そこにある感情はワクワクであり、トキメキです。

うまくいかない人は、わたしに運命の人はいるのだろうかと不安になります。

うまくいく人は、わたしの運命の人はいまどこで何をしてるのかなと想像してワクワクしています。それが運命の分かれ目です。


たとえば、人気女優の有村架純《かすみ》さん。彼女はオーディションに100回以上落ちているとインタビューでも語っています。ふつうはそんなに落ちたら「自分はこの仕事に向いてない」とあきらめます。実際、すごく落ち込んだそうですが、彼女はあきらめずに、どうやったら目に留めてもらえるか必死に考えたそうです。100回もオーディションに落ちる現状から未来を見たら、どうしたら女優という夢を叶えられるか、先の見えない、霧に覆われたイバラの道に見えたと思います。

でも彼女は、未来では女優をやっている自分を信じられたのです。小さい頃から抱いていた「お芝居をしたい」という気持ちを信じることで進化し続けてこられたのです。

何もかもうまくいかないとき、今日の自分を信じることは難しいかもしれない。でも、明日の自分を信じてあげることはできませんか？　1年後の自分を信じてあげることはできませんか？

うまくいかない人は現在から未来に時間が流れており、うまくいく人は未来から現在に時間が流れています。

現在から未来を見るのではなく、最高の未来から逆算するのです。

うまくいっている未来から見たら、失敗は「伏線」（ネタ）となります。

うまくいっている未来から見たら、100回のオーディションの落選は、「伝説」となり、「感動物語」となるのです。

①まず、心ときめく最高のゴール（未来）を描きます。

②次に、その未来を生きることを決断・決意します。

③そして、その未来のヴィジョンに喜びという「感情」を乗せるのです。するると時間は、未来から現在に流れ込むように反転するのです。

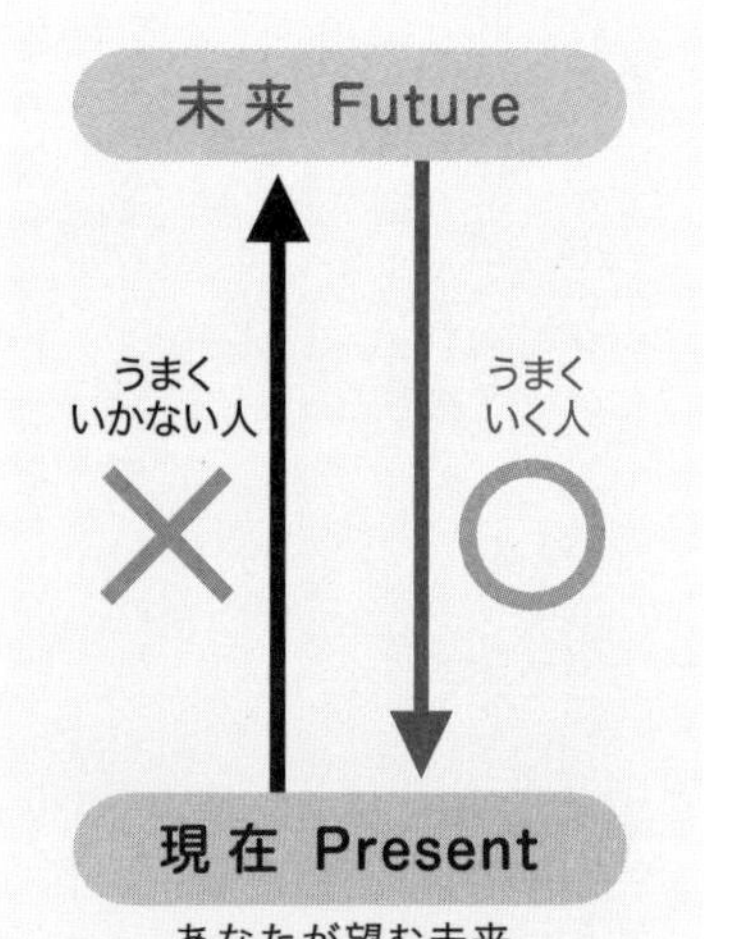
未来 Future
うまくいかない人
×
うまくいく人
○
現在 Present
あなたが望む未来

先の見えない未来に向かっているのではなく、自分が選んだ未来が現在に向かって流れてくると考える

実は、古来日本人はこの逆回転の発想がスタンダードでした。

たとえば、お花見です。

春に満開に咲く「桜」を、秋の「稲」の実りに見立てて、仲間とワイワイお酒を飲みながら先に喜び、お祝いすることで秋の豊作という願いを引き寄せようとしていたのが、日本人のお花見の由来です。

「田植え➡豊作➡豊作の祝い」。この流れを「豊作の祝い➡田植え➡豊作」と、逆回転させていたのです。先に喜び、先に祝うことで、うれしい未来を引き寄せるのです。

いわば「前祝い」ですが、これを古来日本の文化「予祝《よしゅく》」といいます。

ちゃんと辞書にも載っている日本古来の知恵です。

この古来日本の引き寄せの法則「予祝」を現代にアップグレードした『前祝いの法則』（ひすいこたろう＋大嶋啓介著、小社刊）は２０１９年度の「読者が選ぶビジネス書グランプリ」の自己啓発部門を受賞し、10万部を超えるベストセラーになりました。

宝くじのテレビＣＭでも俳優の役所広司さんが「予祝」と言う場面があったり、高校球児たちの間でも広まり、続々と予祝校が甲子園に出場しています。**大嶋啓介が予祝のメンタルコーチをしたチームはミラクルが頻発《ひんぱつ》し、２０１５〜２０１９年の4年間で22校が甲子園出場を果たしています。**

さらに、予祝はプロ野球にまで広がり、阪神タイガースの矢野燿大《あきひろ》監督も予祝を取り入れて、２軍の監督就任1年目でいきなり2軍を日本一に導き、２０１９年度では1軍の監督に大抜擢《ばってき》、1年目で奇跡の6連勝でクライマックスシリーズ（ＣＳ）に出場し、阪神タイガースの公式ＹｏｕＴｕｂｅで、オススメ本３冊のうちの1冊に、予祝を取り上げた『前祝いの法則』を入れてくださっています。
そして、この予祝旋風は、なんと結婚相談所にまで広がっています。

結婚成約率1割、2割と言われる業界で、予祝を取り入れた結婚相談所の結婚成約率はなんと9割にまで達しているのです。

今回は、ベストセラーになった『前祝いの法則』の予祝コンビ（メンタルコーチ大嶋啓介と作家ひすいこたろう）に加えて、恋の分野で予祝旋風を巻き起こしている「恋愛・結婚の女神」こと白鳥マキさんをお迎えして、「夢が叶う逆回転の発想法」をお伝えします。

1万2000人を超える男女のカウンセリングを通してたどり着いた結婚成約率9割の秘密は、結婚したい人だけではなく、恋にもパートナーシップにも仕事にもすべてに当てはまる**「モテ法則」**だったのです。

そして、日常ですぐに使える、奇跡を起こすワザも多数収録しています。
恋も仕事もうまくいく「1分彼女の法則」（別名「逆回転の法則」）など、マンガ家たっぺんさんの楽しいマンガを織り交ぜてお伝えしていきます。

恋や結婚やパートナーシップに関しては、その専門家・白鳥マキが深め、メンタルコーチであり経営者の大嶋啓介の視点で、逆回転で仕事もうまくいくんだということをお伝えします。そして幸せになる考え方の研究家、作家のひすいこたろうの視点を織り交ぜ編集し、3人の経験、知恵を結集してお伝えしていきますので、さまざまな角度から味わっていただける盛りだくさんの内容です。


ご安心ください。

これで、恋も結婚もパートナーシップも仕事もうまくいきます。


「わたしの未来はどうなるのだろう」

「これからの社会はどうなるのだろう」と予測するのではなく、

「あなたは、どうしたいのか」ということなんです。

未来は選べるのです。

この本を読むと、時間が反転します。

「現在」から「未来」にではなく、あなたが「望む未来」から「現在」に時間が流れ込むようになります。

それでは、僕ら3人と一緒に、最《トキ》高《メキ》の未来を迎えに行こう！

★作家　ひすいこたろう

「視点が変われば人生が変わる」をモットーに、ものの見方を追求。『3秒でハッピーになる名言セラピー』がディスカヴァーMESSAGE BOOK大賞で特別賞を受賞しベストセラーに。ほかにも『あした死ぬかもよ？』『世界一ふざけた夢の叶え方』などベストセラー多数。「この星のドラえもんになる！」という旗を掲げ、4次元ポケットから、未来を面白くする考え方を次々に繰り出す。著作は50冊以上。最高傑作は『人生最後の日にガッツポーズして死ねるたったひとつの生き方』（A-Works）

★大嶋啓介

夢と希望を与える講演家、株式会社てっぺん代表取締役。予祝メンタルトレーナー。「居酒屋から日本を元気にしたい」という思いで、居酒屋「てっぺん」とNPO法人居酒屋甲子園を設立。てっぺんの「本気の朝礼」は日本中で話題となり、数々のメディアに取り上げられる。また、オリンピック日本代表のソフトボールのチームに朝礼研修を行い、北京オリンピックでは金メダルに貢献。2015～2019年にかけて、高校野球のチーム強化のためのメンタル研修を行い、そのうちの22校が甲子園出場を果たしている。

★白鳥マキ

メールコミュニケーション評論家。結婚コンサルティングChange. Me結婚相談所代表。恋愛や結婚に関する相談件数は延べ28年間で1万2000人を超え「恋愛・結婚の女神」と言われる。歯に衣をきせない恋愛相談が人気を博し、全国、海外からもクライアントが訪れ、予約は半年待ち。講演受講者数は延べ3万人を超える。脳科学、心理学を使ったエビデンスある恋愛・結婚の解説は結婚コンサルティングの評論家としてテレビ・新聞・ラジオ・雑誌など多数のメディアに出演。

著書『モテるメール術』(ダイヤモンド社)はロングセラーとなる。

では、目次のあとに、さっそく、
この本のタイトル
「1分彼女の法則」とは何か、
マンガで味わっていただきましょう。
GoGo-!!
THEND

Act 3 予祝の法則

Act 4 決断の法則「黒予祝」と「白予祝」

Act 5

モテの法則

Act 6

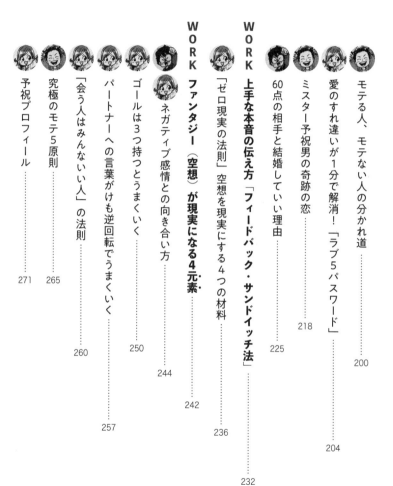

Act 1

1分彼女の法則

人生という名の
「未来劇場」へようこそ

1分でぐっと恋が近づく!!
逆回転の法則
メモ
メモ
こんにちは！モテない系男子代表！作家のひすいこたろうと…
モテ系男子代表のっ!?
経営者であり予祝コーチの大嶋啓介です！
イイネ!!
今日はみなさんをモテ人生に導くための朗報をシェアするよ〜！
THEND
しかもこれを応用すれば仕事も人生もすべてがうまく！
そう！なんとあの阪神タイガースも活用しているし甲子園大会でもすでに22校もの高校球児がこの方法で結果を出してくれていますよ！
カン
カン
THEND
今回は恋愛編ということで…スペシャルゲストをお呼びしています！
SPゲストさん
白鳥さ〜ん

はじめまして白鳥マキです
キラキラ
あなたの恋愛変えるわよっ♡
キラーッ
『Change Me 結婚相談所』代表 兼
メールコミュニケーション評論家
白鳥 マキ 氏
マキさんはなんと！結婚氷河期と言われているこの時代ふつうは1割の成婚率と言われる結婚相談所業界で9割もの成約率を上げているという…
じゃあ!!
うふふ♡
恋愛のプロフェッショナルです!!
それで!? 1分でグッと恋人関係になれる方法があるってのはほんとう!?
ぐわっ!
ビクッ
もちろんあります！その秘訣は「逆回転」なんですよ♡
大嶋さん落ちついてっ
「逆回転」??
??
詳しくはあとで説明するとして…
まずはこちらをご覧ください♡
次ページへGO!!
ピラッ

火曜ドラマ
1分彼女。
わたし ヨシ子は いま
恋の修羅場 真っただ中に います
というのは…
ドキ
ドキ
会社の 飲み会! わたしの すぐ 隣には!
はわわわわ
でさー
あこがれの タケル先輩が おられるのです! 偶然にも!!
この間行った 恋愛セミナーで マキさんが
女の子は 誰しも 好きな人には 「わたしなんてムリ」 って思ってるものよ だから 自信持って!
って言ってたけど…
これほんとうに ムリムリムリっ!!
かあああああっ
…お〜い ヨシ子 聞こえ てる?
ハッ!
え?

（友情出演：大嶋さん↓）
次は、おまえが話す番！
最近面白い話とかなかった？
大嶋先輩！
えっとそうですね…
じゃあ…合コンで使える恋愛実験の話とか
興味ありますか？
フンッ！
何それめっちゃ知りたい!!
これ『1分彼女の法則』っていうんですけど…
マキさんに先日もらったこの本にも
書いてあるんですけどね
恋愛の疑似体験ができる方法なんですって
1分彼女の法則
恋愛経験が少ない人なら経験値が増えるし
相手が恋人って立場になったときどういうふうに接してくれるかわかるから
ほらこっち！
彼氏みたい♡
気軽にできるオススメの方法なんだそうですよ！
はい あ〜ん
あ〜ん
ほんとうはもう少し深い理由も教わったけど…
ここで言うのはやめとこうっと
ちらっ
？
何それやりたいやりたい!!
じゃあさっそくやってみようぜ！
それぞれ隣の人とペアな！
えっ!?
よろしくー
じゃあ1分実験スタートだ!!
仕切り始める、大嶋先輩（笑）

ちょっと失礼♪
「1分彼女」を始めるときはまず相手に「1分彼女（彼氏）になっていいですか？」と許可を取ってくださいね
そうすることでお互いの信頼関係ができるんです！
じゃああとはがんばってね！
ピラ〜〜っと。
ビクッ
マキさん!? ありがとうございます!! がんばりますっ
？

1分彼女 ～その❶～ 相手の目を見て、彼 / 彼女と思って握手して「よろしくお願いします」と言う

よろしくなー
よ…よろしくお願いします！
ドキ ドキ
うん よろしくお願いします！
よろしくー

1分彼女 ～その❷～ 恋人同士を想定して、2人だけの呼び名を決める / 呼んでみる

何て呼べばいいかな？
えっと…じゃあわたしは呼び捨てで
わかったよヨシ子！
…でいいかな？
ドキッ！
うっうん!!
先輩のことは？
そうだなぁ…ター君でいいかな？
ター君 よ…よろしくね
うん よろしくな ヨシ子
ほわ〜ん…

1分彼女 ~その❸~ 呼び名を入れつつ、お互いに簡単な「お願い」をしてみる

1分彼女 ~その❹~ さらに「お願い」をしてみる

ねぇ
いつにしよっか?
あ!
ちょうど来週
クラシックの
ミニコンサートが
あるよ
そこに
する?
わい
わい
うん!
それいいね
ター君って
クラシックとか
聴くんだー
なんかますます
好きになってくる
なぁー
いいこと
きいた♡
じゃあ
●月×日ね!
OK!
手帳に
書いとこっーと
っていうフリ〜♪
ちら…
俺の
言ったことで
こんなに喜んで
くれるのか…
やば…
ほんとうに
かわいく
見えてきたな…
楽しみ
だなぁ〜
しあわせがずっと続く手帳
2021

1分彼女 ~その❺~ 連絡先を交換してみる

じゃあ 待ち合わせしなきゃ だから
連絡先 交換しようよ
うん いいよ! 俺は これ!
あ… あと1つだけ お願い してもいい?
ん? 何?
今日この会が 終わったら… 帰りに 1コだけ
わたしが彼女だって つもりで メールしてほしいの
うん いいよ! 帰りに メールね
ブン
ブン
終了〜!!
「1分彼女」 終了だよ〜!!
どっ

楽しくて夢中になっちゃうね! 1分だけのつもりが5分もやっちゃってたよ!
ふぃ～っ
さぁ次はどの子とやろうかな!?
大嶋先輩スミマセン わたし終電あるんで帰ります～
あ わたしも!
俺もだ!
じゃあ先輩お疲れでーす
ぞろぞろ
お疲れ様でーす
えっ あれ!?
また月曜にー
お疲れでーす
俺の第2の彼女候補は!?
みんな帰っちゃった…
ぽつーん…
俺も帰るか…
お勘定おねがいしまーす

1分彼女 ―その日の夜…―

ん?
ピロリン♪
あっ ター君… タケル先輩からだ
ほんとうにメール送ってくれたんだ
タケル先輩
今日はありがとう。
ヨシ子かわいかったよ!
また今度ご飯でも行こう。
大好きだよ。
おやすみー。
タケル先輩やさしーなぁ…
じーん
ピロリン♪
ん?
!!
こ…
これは…っ!!
ドキーン
っていうか俺、ヨシ子のこと本当に好きになっちゃったかも…
よかったら今度、本当にデートしない?
横浜、一緒に行ってみたいです^^

…はいっ ここまでが「1分彼女」のお話でした～
1分彼女。
TO BE CONTINUED…
めっちゃいいとこで終わるじゃないですかーっ!?
ガーン!!
俺もさっそく使おうかな…「夜の1分彼女」っつって…♡
ゴッ
あんたは既婚者でしょーがっ!!
いたたたた…っ
まったく…
それでマキさん
これが「逆回転」と言うのは…?
ふつうは現在から見てゴールがどうなるかって考えるでしょう?
これだと1つしかルートがないと思いがちだから…
1個がダメになったとたんにあきらめちゃうんです
希望する未来
希望しない未来…
・メールがこない
・デートが失敗する
・はずかしい
現在
メモメモ
メモメモ
おっ取材モード!!
でも"逆回転"はその名のとおりゴールを先に決めちゃうんです
さらにいろんなルートを考えることができるから1個がダメでも成功するほかの方法を脳が考えようとするんです!
しかも幸せな気持ちを先に味わっちゃって行動するから
望む未来が引き寄せられるんです♡
希望する未来
別ルート①
別ルート②
現在
ぐるんぐるん
よしっ 俺もモテるために時計と逆回転してみるっ
さすが大嶋さん!!

「1分彼女」は〝逆回転〟の考えを応用したテクニックなんです
告白よりもハードルが低いうえにほんとうに付き合った前提で接することによって
意識しちゃうようになったりもするんですよ
なるほどー
それは使わない手はないですね!!
〝予祝《よしゅく》〟をはじめて聞く読者のみなさんへ!!
ちなみに〝予祝〟とは日本人が古来お花見などで実践していた夢の叶え方のことです
まぁ詳しくはのちほど紹介するとして…
くるっ
くるっ
というか〝逆回転〟の本質って〝予祝〟と同じですね
そうなんです!
マキさんにはとりあえず「1分彼女」のやり方をまとめていただいてもいいでしょーかっ!?
ぐわーっ!!
恋に悩む読者たちのためにもっ!!
大嶋さん本気すぎーっ!!
それ自分のためでしょー
はいっ
「1分彼女」はやればやるほど恋愛の経験値が上がるから
たくさんの人とやってみてくださいね♡
練習していくうちに彼に接するようなやさしさが自然にできるようになるから
モテ体質になっちゃうわよ♡
おぉ〜っ

「1分彼女」のまとめは次ページへ!!

「1分彼女」のやり方・おさらい

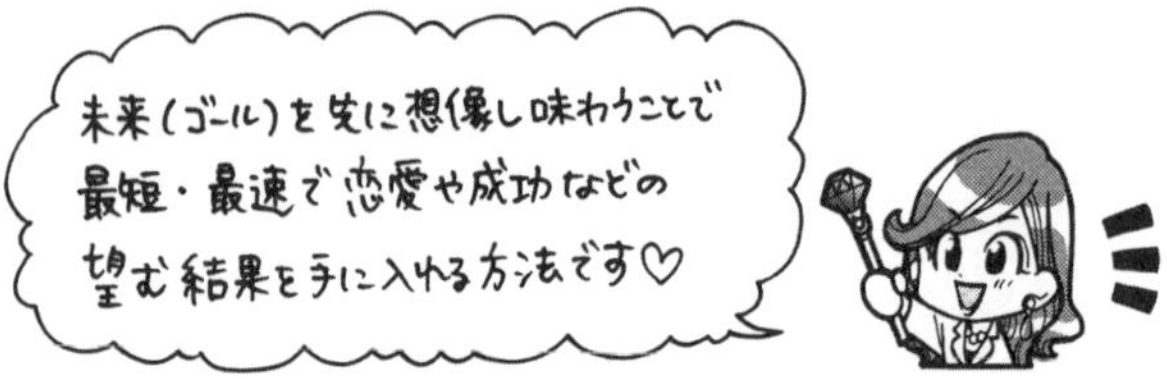
未来(ゴール)を先に想像し味わうことで
最短・最速で恋愛や成功などの
望む結果を手に入れる方法です♡

❶ 相手との信頼関係をつくるために、まず相手に「1分彼女・彼氏になっていいですか？」と許可を取る。イエスと言われたら「目を合わせて」「ニッコリ」「よろしくお願いします」と言い合う（可能なら握手もすると、より親和性がふかくなります）。

❷ 恋人同士と想定して、お互いの２人だけの「呼び名」を決めて呼んでみる。

❸ 呼び名を入れつつ簡単な、いますぐにできることを頼む。

［例］■注文を代わりにとってもらう
■モノを取ってもらう
■褒めてもらう
■そばに寄る　etc.

俺なら手をつないでもらう!
で、「好き」って目を見て
言ってもらうかな〜
そ…それは
上級編かも…

❹ ２人の未来を想像できるお願いを、さらにしてみる。

［例］ デートプラン・簡単な相談ごと・行きたいところ　etc.

❺ 連絡先をワクワクしながら交換する。できれば「1分彼女」が終わったあとに、彼女・彼になったつもりで、１通メール交換する。

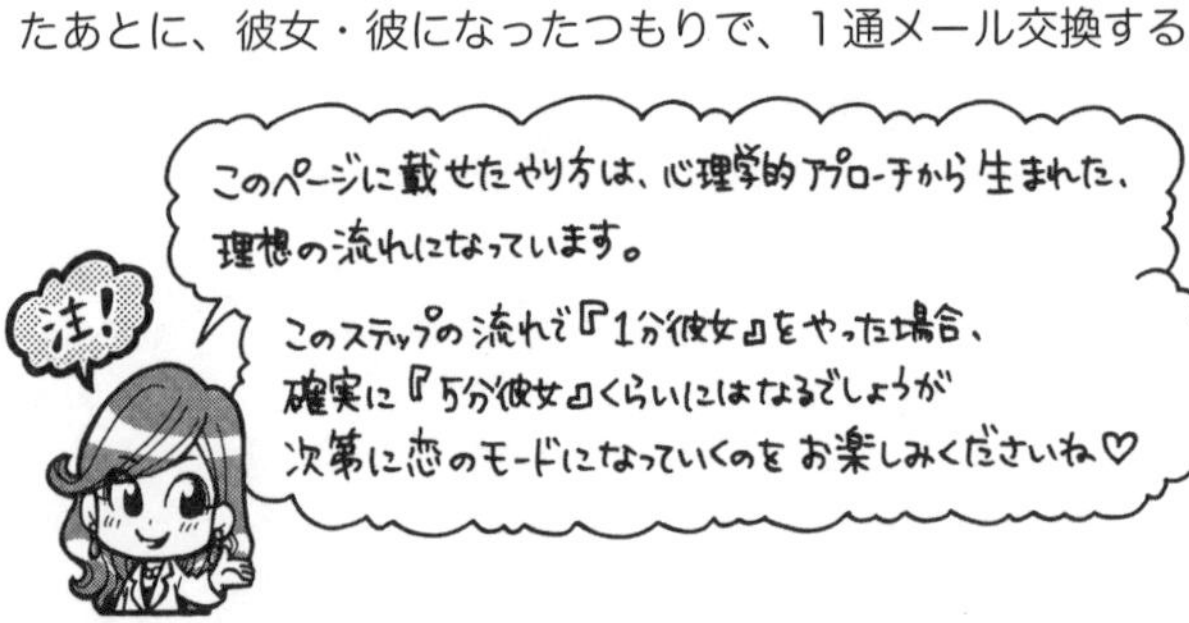
注!
このページに載せたやり方は、心理学的アプローチから生まれた、
理想の流れになっています。
このステップの流れで『1分彼女』をやった場合、
確実に『5分彼女』くらいにはなるでしょうが
次第に恋のモードになっていくのをお楽しみくださいね♡

おまけ
ちなみにわたしのクライアントさんは「1分彼女」を使って実際に結婚されているんですよ♡
ええっ！ほんとうですか！
ええ♡お見合い直前の女性に「わたしを奥さんだと思って接してください」って彼に伝えるようにと言っておいたんです
そしたら「新婚旅行はここがいいね」って話していたイタリアのコモ湖に
ほんとうに2人で新婚旅行に行くことになって
理想の式場でほんとうに式を挙げることになったり
どんどん描いた未来が実現していったんですよ♡
なぜならこれは〝未来劇場〟だから…未来の自分たちを現在の自分たちで現実でやっちゃってるから
〝逆回転〟が起きて叶っちゃうってことなんです
ちなみに〝逆回転〟を使えば2週間で彼女に90日もあれば結婚できますよ
さらっ
マジですかっ!!
…というわけで今回は恋愛をテーマに夢の叶え方を掘り下げていくよっ！
これであなたもモテ体質!!
仕事にも活かせるし男子も女子も必見だよ～!!
ぜひご覧あれ～♡

「1分彼女の法則」の解説

マンガ「1分彼女。」はどうでしたか？

「1分彼女の法則」は、そもそも恋愛に慣れていない女子が多いので、知り合いに「1日恋人ごっこ」をしてもらうよう勧めていたのがきっかけで生まれました。

「すみません、お願いしていいですか？　わたし、ちょっと恋愛下手で彼氏ができなくって、超下手なんですよ。なので、1日とか半日とか1時間でもいいからメールでとか、ご飯食べるときに、彼氏として接してもらって練習させてもらえませんか？」

そう伝えると、相手も面白がって喜んでくれるし、意外と練習しているうちに、2人の間の疑似恋愛が本物の恋愛感情になり、ほんとうに付き合ってしまうきっかけにもなることが多かったんです。だから、ある程度、気がある人に練習してもらうほうがいいでしょうね。

「1分彼女の法則」は、臨場感があるからイメージも広がり予祝にもなるし、恋愛の練習に最適。恋愛に慣れてない人であれば、まずは、いろんな人と「1分彼女」をやってみてイメージをつかんでいくことも大事ですね。

この「1分彼女の法則」は英会話の勉強でも使えます。

英会話で好きな外国人の先生がいるとしたら、「いまだけ彼女と思って会話してください」って言うと、めちゃめちゃ盛り上がるし、英会話が上達するんです（笑）。

脳からワクワクするホルモンのドーパミンが出るからです。

なぜ、「1分彼女の法則」は効果が高いかというと**「嘘《うそ》と現実の法則」**が働くからです。

実は、脳は現実と疑似の区別がつかないのです。実際には起こっていなくても、頭でそうだと思い込むと現実になるという法則です。

アメリカのマクスウェル・マルツ博士がイメージトレーニングでバスケットボールのシュートが上達するかどうか実験をしているんですが、75名の選手を対象に20日間にわたって実験を行ったところ、実際に練習していたグループと、イメージトレーニングだけのグループでの技術力の向上率は、ほぼ一緒だったそうです。

さらに、食べものを咀嚼《そしゃく》すると、それによって大脳皮質の「マイネルト神経細胞」という細胞が活性化され大脳皮質の血流量が増えるのですが、なんと咀嚼をイメージするだけでも、脳が活性化されるということもわかってきています。

頭のなかでは、「これは嘘」で「これは現実」と区別しないのです。

「恋人ごっこ」（1分彼女）をすることで、「恋人」がいる感覚が体の反応として表れるので、架空のことでも現実化しやすくなるのです。

「1分彼女」をすることで、「疑似体験➡感情➡思考➡現実」が変わると言えます。まさにゴールからの逆回転なのです。

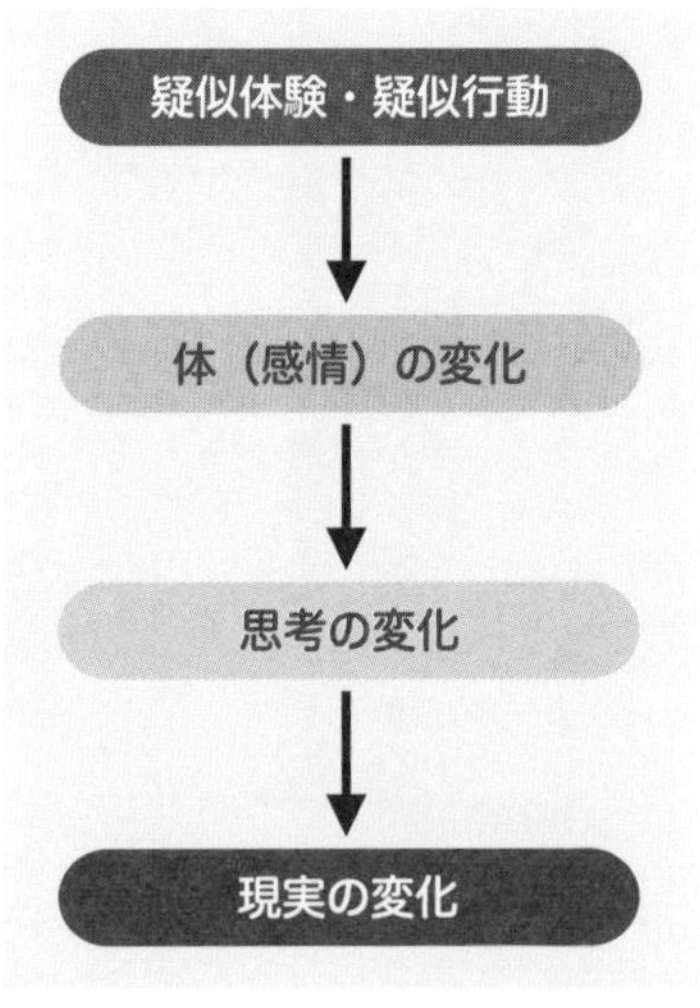

疑似体験・疑似行動
体（感情）の変化
思考の変化
現実の変化

また、このことは**「リハーサルの法則」**としても説明できます。

脳は同じことを2回するとうまくいく法則があるんです。たとえば、「いまから頭で考えないで、すぐにミッキーマウスの絵を描いてください」と言われると頭が混乱して描きづらいですが、頭のなかでミッキーマウスを一度想像してから描くと、実際に近いものが描けます。人は何かをするとき、リハーサルを頭のなかでやってから、その行動をするものです。

「1分彼女」は、2回同じことをすると実際の恋愛もうまくいくという、この「リハーサルの法則」を利用しています。

恋人だと思ってデートの提案をしてみたり（頭のなかではすでにデートする場面がシミュ

レーションされています）、恋人と思って接するなど、いろいろ想像を1回してから行動をすることによって、描いている未来を引き寄せやすくなるのです。

ちなみに先日、大嶋啓介さんは、この「1分彼女の法則」をこんなふうに応用していました。ちょうど、この本をつくっている打ち合わせの場に大嶋さんの後輩の男の子がいて、「好きな子がいるんですけど、いまひとつ距離を縮められない」と相談していたんです。大嶋さんは、その後輩に「1分彼女の法則」を応用して、こんなアドバイスをしていました。

「たとえば、並木がきれいな道を一緒に歩いているとしたら、『ここからあそこの木までの間だけでいいから手をつないで歩いてもらえない？』と言ってみたら？　ここからあそこまでって区切って敷居《ハードル》を下げてお願いすると、相手も『そこまでなら』とノッてくれやすいんです」と。

その男の子は、後日、この方法で彼女と初めて手をつなぐことができたと喜んで報告してくれました。「区域限定1分デート」ですね（笑）。

たとえば、山や何かで、ちょっと足もとが危ない場所であれば、「ここは足もとが危ないから、ここだけ手をつないでもいい？」と言うのもいいと思います。

では最後に、この「1分彼女」のワークで一番大切なことをお伝えします。

願いを叶えたいなら、ゴールから逆回転させよう

ということなんです。

あなたは、どんな未来を望むのか？　そのゴールをイメージして先にその喜びを疑似体験することから始めようということです。

プロローグでもあったとおり、望む未来（ゴール）から現在（スタート）に逆回転させる考え方を身につけていただくことで、恋も仕事もうまくいくんです。

それでは、恋の逆回転の法則（「1分彼女の法則」）、はじまり、はじまり〜。

ハリウッドの俳優養成所で使っている、なりたい自分になる「ゴールド・ボディ・テクニック」なるものがあります。あこがれの人に1日なりきって生活してみることで、その人の雰囲気が出てくると。「1分彼女」もまさにそれ！　恋人がいるように演じるうちに、自分の発する空気感が変わってくるんです。お金持ちになりたければ、お金持ちの空気感から先に身につける。恋人が欲しければ、恋人がいる雰囲気から身につける。それが、なりきることでできるというのが「ゴールド・ボディ・テクニック」。

ものまねタレントのコロッケさんの例もあります。コロッケさんはデビュー当初は、歌マネはまったくしてなかったんです。でも、その人の顔の表情をまねて、なりきってるうちに、自然に歌のモノマネもできるようになったとか。さあ、今日は1日、なりたい自分を演じてみよう。僕らはみんな自分を演じる役者。やりたい役になりきるんです。

ソフトバンクの孫社長は、まさに成功の秘訣を「成功したことをイメージして、先に喜ぶことだ」と言われています。「1分彼女」の法則は、まさに1分間で成功（恋愛）を疑似体験することでドキドキの感情を味わい、より成功（恋愛）のイメージを高めてくれます。

ポイントは、相手に「この人と付き合うと、こんなにドキドキするんだ。こんなにかわいい面があるんだ」と想像してもらえるかです。

Act 2

逆回転の法則

ときめく未来（ゴール）から
発想する

逆回転で、約1万2000人のなかから、わずか6名の難関、ニコラモデルに合格！

ある日、娘が深刻そうに「わたし、結婚できるのかな……」と言ったので、「いや、もうあなたの結婚相手は生きてるよ、この同じ空の下に。どこかにいるから楽しみだね」と伝えると、娘が「わーい」とパッと笑顔になったことがありました。

現状からは未来が見えないので、現状から発想すると誰だって暗い表情になり、ネガティブに、そして深刻になってしまうものです。でも、最高の未来から発想するとパッと表情が明るくなります。

明るく考えたほうが夢は叶うのです。
深刻に考えたら夢は逃げます。

その娘が、ファッション雑誌『ニコラ』のモデルオーディションを受けたいと言い出しました。

このオーディションは、新垣結衣さん、岡本玲《れい》さんや永野芽郁《めい》さんなどの人気女優を生み出している超人気オーディションで、日本全国から1万人を超えるエントリーが集まるのですが、そのなかから5、6人しか選ばれないんです。ふつうは絶対ムリだって思う確率ですよね。1億円の宝くじに当たるような感じがしてしまいます。

実はそのオーディション、娘が小学5年生のときにチャレンジして一度はムリだと決めつけてしまい落選し、激しく泣いた経験がありました。で、その翌年（少学6年生のとき）に「2回目の挑戦をしたい」と言うので、今度は、わたしは娘に夢の叶え方、ゴールからの逆回転の方法を伝えました。

まず『ニコラ』の雑誌専属モデルになると、毎月20万部発行される誌面のなかで「ニコラモデル公式ブログ」というのをするようになります。娘はまだ何も決まっていない、モデルになる前だというのに、そのブログ上の仮想の自分のファンを相手に「モデル夢ノート」をつくり、ニコラモデルになった前提で、先にいろんな夢の返事をつくることにしたのです。

「ヒカルちゃんって、いま何に興味がありますか？」

「どういうファッションが好きですか？」

「休日は何をしていますか？」

と、いろんな質問があるんですが、自作自演でその質問の答えをノートに書いて、先に自分で「ニコラ公式ブログの質問」に答えちゃったのです。

「ヒカルの好きな食べ物はイチゴです！」とか（笑）。

さらに、モデルに選ばれる前に、サインも自分でつくりました。

もうモデルになったつもりで、仮想ファンレターのお返しまで書いたんです。ファンレターなんか1通もきていないのにです。

どうしたら1万2000人近くのなかから選ばれるか、と現在から未来を見てしまったら、そこは不可能としか思えないイバラの道です。

なれない理由しか浮かんでこないし、不安しか生まれません。スタートからゴールを見ると「もう絶対ムリだ」って思いが出ちゃうと思うんです。

でも、娘は先に、もう雑誌専属モデルに選ばれたつもりで、それらを楽しんで予祝することで、その未来にリアリティ（臨場感）を感じ、ゴールからスタート地点へ逆回転させて、喜びを先に味わいながらワクワク夢に向かっていったのです。

結果、東大に入るより難しいと言われるニコラモデルになれたのです。

1万2000人近いなかから、2000分の1という6人に選ばれたのです。

最初に、わたしが娘にした質問は、

「ニコラモデルにならなかったら、最悪、どんな後悔をする？」

と、モデルにならなかったときの痛みを先に想像させました。娘は「なんかワクワクしない」とか「みんなに自慢ができない」とかいろいろ言っていましたが、最後に「ニコラのモデルにならない自分はイヤだ」と言いました。

娘は、ふつうの小学生だったんですけど、勉強でも優秀で、小学4年のとき、計算で日本一になったことがあり、塾の先生にも「ヒカルちゃんは賢くなって東大でも全然行けるから、勉強がんばったら楽しいね」と言われたこともあって、勉強をがんばる道もあったんです。でも、ニコラのモデルにならなかったときの痛みを想像したら、「ニコラのモデルになる！」と決断できたんです。

「最悪どんな後悔をする？」

この問いを向けることで、「ほんとうはどうしたいか？」、その本心が浮き彫りになるのです。すると、ゴールが明確になります。

「モテたい」という人はモテません。

「痩せたい」という人は痩せません。

「結婚したい」という人は結婚できません。

「お金持ちになりたい」という人はお金持ちになれません。

「モデルになりたい」という人もモデルになれません。


「なりたい」ではなく、「なれたらいいな」でもなく、「なる!」と決断した人だけがなれるんです。


そのゴールへ行くんだという決意。決意からの逆算なんです。

「結婚できたらいいな」➡「結婚する」

「付き合えたらうれしい」➡「付き合う」

「また会えたらいいですね」➡「また会いましょう」


こうなったらいいな、できたらいいなを、自分で決断をして断言する形に変える。ちょっとした言葉の違いですが覚悟と決断が入ってくると夢の叶い方、恋愛の成功率が格段に変わるのです。

マンガ『ワンピース』の主人公ルフィだって、「海賊王に俺はなる！」ってやっぱり言いきってますもんね。「海賊王になりたいかも」「海賊王になれたらいいな」とか言ってませんからね（笑）。

1分 WORK

あなたの願いが叶ったワクワクの未来を想像してみよう。

「あなたは何をしてる？　どんな行動をしてる？」

「どんな髪型で、どんなファッションをして、どんな部屋に住んでる？」

〈それをいますぐ取り入れてみよう〉

「どんな恋人が側《そば》にいる？」

「そのとき、どんな友達が周りにいる？」

「一歩踏み出さなかったら、最悪、どんな後悔をする？」

Hisui

結婚する前に、いっぱいしたいことは何？

一流ブランドの店員さんのひと言にヤラれたことがあります。

イヴ・サンローランのお店をふらふら眺めていて、目に留まったライダースを試着してみたんです。ライダースって、ロックでハードでパンクなイメージがありますよね。ポップでソフトでチキンなひすいとしては、まるで真逆のイメージなんですが、当時サンローランのデザイナーをしていたエディ・スリマンは、ライダースにすごい定評があったので一度、試着してみたかったんです。

それまではライダースは試着すらしたことがなかったんですが、初めて袖を通して鏡を見たら、恥ずかしくなるくらい似合ってなかったんです。もう思わず赤面してすぐに脱ごうとしたら、店員さんが来たので、僕は頭をポリポリかきながら「似合わなかったな〜」と言ったら、店員さんが真顔でこう言ったんです。

「待ってください」と。

「えっ？」

「待ってください。似合ってないと判断をくだすのは保留してください」

店員さんはこう続けました。

「昔、嫌いな食べ物が、いまは大好きになることってありませんか？　わたしはライダースは30代になってから着るようになりました。それまでは好んでジャケットを着ていたので、ライダースのハードなイメージに抵抗があったんです。でもいまは50歳になりましたが、休日はライダースばかり着ています。

いまは似合ってないかもしれない。でも、未来はわかりません。

いま似合う服は、もう十分持っていますよね？

未来に似合う服に挑戦する余地を残しておいてほしいんです」

クーーーーー。さすがサンローランの店員、言うことが違うって思いました。

いまの自分で発想するんじゃなくて、

未来の自分を基準に考える。

「未来の自分に似合う服に挑戦する。それがファッションなんです」と言われて、僕は感動して、そのライダースを買おうとしたんですが、値札をチラッと見たら50万円近くするじゃないですか!!! というわけで、僕は赤面したまま「また来ます」と言って、その場を離れたのでありました。

ドンマイひすい！（笑）

過去がどうだったかではなく、未来にどうありたいかで生きるって発想を、このときのサンローランの店員さんに教えてもらいました。

もう1つ別の例。僕のイベントを主催してくれた高知県に住む橋村葵さんが、こんな実体験を話してくれました。

彼女は結婚したいと思いつつも、でも、その前に恋人がいないと悩んでいました。そこでどうしたか。まず、予祝をしたのだそう。

「恋人ができたー、やったーーー」と先に前祝いです。

そのあとに、大好きなスケボーを積極的に始めたのです。

なぜスケボーか？

結婚して子どもができたら、しばらくはスケボーができなくなるからです。

彼女は、結婚したらできなくなることを先にやっておこうと考えたのです。まだこの時点では、恋人がいないのにです！（笑）

まさに、恋の逆回転です。結婚する前提で逆回転をさせたのです。

「結婚する前に、いっぱい体験したいことは何だろう？」

そう考えたときに真っ先に浮かんだのが、彼女の場合はスケボーだった。それでスケボーに行き始めたら、「スケボー、最近興味があるんだよ」と友達が言うので、「じゃあ一緒にやろう」と遊ぶうちに、なんと、その友達と恋に発展して付き合うことになったというのです。で、デートを重ねるようになったのですが、まもなくしてプロポーズされるんです。

そのときに、なぜか彼がこう言ったそうです。

「僕はギャンブルもしないし、タバコもやらない。お酒も強くないし、借金もありません」

彼女は、彼のこの言葉に鳥肌が立ったとか。彼と出会う前、彼女が唱えていた予祝が、なんと、「わたしの夫は、ギャンブルもしないし、タバコもやらない。お酒も強くないし、借金もないふつうの人がいい！」。

実際に口に出してそう予祝していたことを、それを知らない彼がそのまんま言ったので、「わたしの夫は、この人！」とすぐにわかったそうです。

はい、で、このたび、その彼と結婚したのです。

わーーーおめでとう！！！！

その彼がスケボーに興味を持ち始めたタイミングというのがまた不思議で、彼女が「結婚したらスケボー行けなくなるから、いまのうちにスケボーやりたい」と思ったちょうどその頃だったと言うのです。

予祝をしたら、その予祝に合う彼が引き寄せられてきたような展開だったんです。

予祝、怖くなるくらい効果がありますね（笑）。

葵さんは、毎月1回、いま仲間たちと予祝会を始めたそうです。

そして、これが**「物語の力」（逆回転の法則）**でもあるんです。

小説（物語）って、この主人公は最後どうなるか、多くの作家はゴールを先に決めて書き進めていきます。そのゴールに向かうように、必要な試練と伏線をあとから加えて物語を構築していきます。

面白い物語とは、ゴールありきなんです。

主人公のキャラクターを決めて、その主人公が最後にどうなるか、先に決める。すると、そうなるための伏線が引き寄せられてくるってことなんです。それが物語の力です。

僕らが生きている人生も1つの物語です。
だから、心ときめくゴールから描けばいいのです。
僕らはゴール（行き先）を決めなければ、電車にだって乗れないんです。
でも、それがわかってるのに、人生では行き先を決めていない。

あーもったいないっ!!

だって、二度とない人生ですよ。

僕らは面白い映画を探します。
いやいやいや、面白い映画を探す前に、僕らの人生を面白い映画にしませんか？
「人生という物語をもっともっと面白くしていこう！」というのが、僕らからの提案です。

いま、先が見えない時代と言われます。3年後すら誰も予測がつかないなかで、「わたしの未来はどうなるのだろう」「これからの社会はどうなるのだろう」と考えてもムダなんです。

いま、大事なのは、「僕らは、どうしたいのか」ということなんです。

先が見えない時代だからこそ、理想のヴィジョン（ゴール）を描くんです。そのヴィジョンに命を吹き込むと、そのヴィジョンのほうからも君に歩み寄ってくれるようになるのです。

まさにそれは「啐《そっ》啄《たく》同《どう》時《じ》」。

鳥のひなが卵のなかから出ようと鳴く声と母鳥が外から殻をつつくのが同時に起きるという意味です。

居酒屋「てっぺん」のスタッフの1人、サトシがステージ4・5の末期がんになったときも一緒に予祝しました。阪神タイガースの大ファンのサトシ。家族で甲子園や高知のキャンプに行くこと、矢野監督と食事をすること、日本シリーズで始球式をすること……たくさんワクワクな未来を描きました。すると、本当に奇跡が起きて、がんが消えたのです。予祝には、ほんとうに奇跡を起こす力があるんだと感動した体験でした。

Hisui

恋の逆回転！

うまくいく人は、ちゃんと人生を逆回転させてゴールから描いています。

たとえば、お笑い芸人の矢部太郎さんが描いた『大家さんと僕』(新潮社刊)というマンガは、第22回手塚治虫文化賞短編賞を受賞してベストセラーになり、NHK総合テレビでもアニメ化されました。

でも、矢部さんは、そうなることを子どものときの作文ですでに書いているんです。自分で表現したものが賞を取って、どこでインタビューされたということまで描いていたというのです。

まさに予祝ですね。サッカー選手の本田圭佑さんも、野球のイチローさんもそうですけど、子どもの頃から理想の未来（ゴール）を描いています。

イチローさんの小学校時代の作文をご覧ください。

まさに「逆回転の法則」そのものです。

「夢」

6年2組　鈴木一郎

ぼくの夢は、一流のプロ野球選手になることです。

そのためには、中学、高校と全国大会へ出て、活躍しなければなりません。活躍できるようになるには、練習が必要です。

ぼくは3歳の時から練習を始めています。3歳―7歳までは半年位やっていましたが3年生の時から今では、365日中、360日は、はげしい練習をやってます。

だから一週間中で友達と遊べる時間は、5時間―6時間の間です。そんなに、練習をやっているんだから、必ずプロ野球選手になれると思います。

そして中学、高校でも活躍して高校を卒業してからプロに入団するつもりです。そしてその球団は中日ドラゴンズか、西武ライオンズが夢です。ドラフト入団でけいやく金は、一億円以上が目標です。（中略）

そして、ぼくが一流の選手になって試合にでれるようになったら、お世話になった人に、招待状をくばって、おうえんしてもらうのも夢の1つです。

イチローさんは、小学生の時点で、どこに入団したいか、契約金までゴールを明確に描き、そのためにいま、何をするかと逆回転で考えていたわけです。

この作文には、さらに見逃せない、すごい点があります。ふつうは、プロ野球選手になることがゴールです。でも、イチローさんは違った。「一流のプロ野球選手」と一流をゴールにしているんです。さらに、お世話になった人に招待状を配って応援してもらうと、どんな選手になりたいかまでちゃんと描いています。小学生の時点で、一般的なゴールのさらにその先を視野に入れていたんです。

ゴールから逆回転させて考えるというのが、恋も仕事も結婚もうまくいく秘訣なわけですが、**「恋人ができる」「結婚する」は、まだほんとうのゴールじゃないと気づいてほしいのです。**

たとえば、「恋人が欲しい」として、その願いが叶い、いざ付き合ったら、その恋人は働かないわ、お金はせびるわ、あなたに文句ばかり言ってる恋人だったら、あなたの次の願いは、「1秒でも早くこの人と別れられますように」になるはずです(笑)。

パートナーと、どんな話をして、どんな暮らしをして、どんな未来を一緒につくっていきたいか、そこがほんとうのゴール(目的)のはずです。

ほんとうのゴールとは、「あなたにとって幸せとは何か?」

あなたにとっての幸せのカタチに向かうことなんです。

1分 WORK

「恋人ができたら、一緒に何をしたい? どこに行きたい?」

「恋人ができたらどんな会話をしたい?」

「結婚したら、どんな家庭を築きたい? どんな暮らしをしたい?」

「幸せな結婚ができたら、その先はどんな夢が待っている?」

その未来からの青写真を描いて、そこから逆算してなりきって書いてみよう。

友達と一緒にこの問いの答えをシェアすると、より深まり、叶いやすくなります。

Hisui
Oshima
Shiratori

「R《ラ》AS《ス》さまを起動せよ」逆回転するとなぜいいのか？

世界でもっとも高い評価を得ていると言われる、アメリカの心理学者ルー・タイス。その彼がよく言っている衝撃の統計データがあります。

それは、**「会社をリタイアした人は、その後、新しいゴールを見つけないと、平均1年半で死んでしまう」**という統計データ。

自殺や病気など死因はさまざまですが、未来にやりがいがないというのは、過去の記憶だけをもとに生きる人生になりますから、生きる気力を失ってしまうということなのでしょう。

ときめくゴールがあるかないかは、これほどの違いを生むんです。

もっと身近な例でも考えてみましょう。たとえば、将来が不安で勉強している人と、夢を持ってワクワク勉強している人、どちらの成績が上がるかは言うまでもありません。不安からの努力ってずっとは続けられないものですが、いっぽう、ワクワクやってることって、「やるな」と言われても、やっちゃいますよね。子どもが親に隠れてトイレでゲームをやるよう

にです。
「不安」と「トキメキ」、争ったら最後に勝つのはいつだって「トキメキ」です。

また、「この先、大変だ」というようなイメージを持つと、脳の苦痛系が働き、コルチゾールなどのストレスホルモンが分泌《ぶんぴつ》されてしまいます。いっぽう、ワクワクのイメージを持てば、脳の報酬系が動き、やる気のホルモン・ドーパミンや、免疫力を上げるオキシトシンが分泌されます。

よって、未来に幸せをたくさん設定すると、どんどん、やる気に満たされ、アイデアも生まれ、免疫力も上がり、体だって軽くなっていくのです。

さらに未来にワクワクを設定すると、文字どおり、「見える世界」も変わります。

これまで見えていなかった世界が見えるようになってきます。

たとえば、あなたの腕時計の文字盤を時計を見ずに描けますか？　あなたの携帯電話の数値入力用のテンキーを絵に描けますか？　おそらく描けないはずです。何度も何度も見ているはずなのに、見ているつもりだけで記憶に残っていないのです。

「脳は重要なことしか認識できない」
「ゴールが認識をつくる」

これは脳機能学者の苫米地英人《とまべちひでと》さんの言葉ですが、視界に入っても、重要だと思っていないものは見えていないと言えるわけです。

たとえば、「昨日、赤い車を何台見ましたか?」

と言われても、まず答えられる人はいないでしょう。

でも、「明日、あなたの視界に入る赤い車の台数を当てることができたら、1億円あげます」

と言われたら、あなたはらくらく1億円を手にすることでしょう。

赤い車の重要度が一気に増すからです。

僕らは世界をありのままには見れていないのです。

心のなかにあるものしか見えてこないのです。

じゃあ、あなたが見たい「幸せな未来」は何ですか?

ということなんです。

そもそも過去、現在、未来、という時間のなかで、脳のなかでは、未来が最初にきます。

つまり、「未来をどうしたいのか?」という目的がないと、脳の時間は動かないんです。

たとえば、朝起きたら洗面所に行きますよね。これは、「起きて、顔を洗おう」という未来を先に描いたので、洗面所に向かったわけです。電車に乗るのも、会社に向かう未来を先に描いたから行動しています。

「いや、いや。何の目的もなく、ただふらっと外に出ただけです」

という人も、先に、外をふらっと散歩するという未来を描いたから外に出たのです。

わたしたちが何か行動を起こすとき、必ず、そこに「得たい結果」があるわけです。

つまり、脳はもともと「未来志向」なんです。

その未来を、ちゃんと心がときめく未来に設定しましょう、

未来を、あなたの幸せのカタチに設定しましょう

というのが、この本の趣旨です。

未来に、ときめくゴールを設定すると、それに必要な情報が初めてあなたの世界で見えてくるからです。これは脳の「ＲＡＳ（ラス）」と呼ばれる機能になります。Reticular Activating System の略で、日本語では「網《もう》様《よう》体《たい》賦《ふ》活《かつ》系《けい》」と言われています。

あなたにとって重要なことや関心ごとが、この機能によって優先的に選ばれて意識に上がってくる機能です。

これにより、新しい車が欲しいと思っているとき、街のなかで、あなたの望む車種を誰よりも早く見つけられたりするようになります。

ネットでキーワード検索するようなものと言ってもいい。望むゴールを設定すると、それがキーワード検索に該当し、それに関する情報にスッと目が止まるようになる機能が脳のRAS機能です。

人間はほうっておくとネガティブなものに目がいくようになっているので、ときめきのゴール設定は意識的に入れてあげる必要があるのです。

僕らは未来を描かないかぎり、
過去の記憶のパターンだけで生きることになります。
過去の記憶をもとに人生を終えるか、
未来の記憶から逆回転させてトキメキを生きるか、
あなたが決めることができます。

昨日とは違う明日を見たくありませんか？

これまでのことは、いっさい気にせず、ワクワクとトキメキの未来を自由に描けばいいんです。

話はそれからです。

最後に、脳のＲＡＳ機能を最大に高めるための「ゴール設定（未来のヴィジョン）」のポイントをまとめますね。

❶あなたがそのゴール設定にときめくかどうかが何より大事。自分の感情にワクワクスイッチが入るゴール設定になっているか。

❷五感を活用して、イメージはよりリアルに臨場感を持って描く。あなたの描く未来では「何が見えます？」「どんな音がしてます？」「においは？」「味は？」「感触は？」

❸人に説明できるくらい具体的にする。友達にそのゴールを話して、あなたの感情がワクワクしてきたらマルです。

1分 WORK

あなたにとって最高の恋愛とは、どんな恋愛ですか？

何の制限もないとしたら、どんなときめきの未来を手にしたいですか？

その未来のイメージには何が見えて、誰がいて、何が聞こえて、どんなにおいがしますか？　また、どんな気持ちで何を感じていますか？

そのときめきの未来を手にすることで何が得られますか？

それらを友達に話して、あなたがワクワクしてきたらマルです。

Oshima

鼻血が出たら、夢は叶うの法則！

未来から考えると、ピンチが全部チャンスになります。ピンチが感動物語の伏線になるんです。

成績ビリのギャルが1年間で偏差値を急上昇させて慶應大学にみごと合格する感動実話ストーリー『学年ビリのギャルが1年で偏差値を40上げて慶應大学に現役合格した話』（KADOKAWA刊）は、ベストセラーになり映画にもなりましたが、この話のモデルになったさやかさんは僕の友人なんですね。

で、彼女のお母さんの話が素晴らしいのです。

ビリギャルのさやかさんが中学生のとき、少しヤンチャでタバコが見つかっちゃって無期停学になったことがあるんです。ある日、先生に突然、「カバンを見せろ」と言われて見つかっちゃうのです。

で、先生にこう言われたそうです。

「なんでおまえのカバンにタバコがあったかわかるか？　おまえの友達が教えてくれたんだ。おまえはその子のことを親友だと思っているかもしれないけど、そういうもんだぞ。おまえも友達でタバコを持っているやつを知っているだろ？　1人言ったら帰してやる。言わなかったらずっと帰さない。ここから出られないぞ」って。

さやかさんは「そんなの絶対言うわけない」と、友達のことを言わなかったんです。そうしたら先生も根気負けして、お母さんを呼び出しました。

問題はビリギャルのお母さんなんですが、**学校から呼び出されたら、なんと、めちゃめちゃワクワクするんだそうです。**

意味わからないですよね？（笑）

学校から呼び出されて、お母さんはめちゃめちゃチャンスだと思っていたとか。

学校に呼び出されたときは、

「お母さんだけはあなたの味方だ」

と伝える最大のチャンスだと思っていたから、お母さんは学校から呼び出されると、ルンルンして学校へ向かうのだそう。あり得ないですよね（笑）。

ふつうのお母さんは、呼び出されたら、「なんでこんな忙しいときに」とか、世間体を気にして子どもを叱《しか》るはずなのに、ビリギャルのお母さんは、「わたしはあなたの味方だよ、ということを伝える、こんなチャンスはない」とワクワクしてるんです。

この日、先生にさんざん怒られたあとに、お母さんは先生にこう言ったそうです。

「このたびは、ほんとうに申し訳ありませんでした。でも、先生、こんな良い子はいないと思いませんか？　先生のおっしゃる良い子というのは、髪の毛が真っ黒で、スカートが膝《ひざ》下10センチ以上長くて、勉強ができる、そういう子だけのことなのかもしれません。それならもうこの子は悪い子でけっこうです。退学というならそれでもいいです。でも、こんなに友達思いの素晴らしい子を、わたしは誇りに思います」

このお母さんの言葉を聞いて、さやかさんは更生したそうです。

先生から呼び出された最悪の事態が、さやかさんの心を変える最大のチャンスになったのです。

お母さんは、こう言ってくれたそうです。

「あなたは世界一幸せになれる子だから。わたしはずっと自分を認められなかった。でも、あなたが生まれてきたおかげで自分の価値を知った。わたしをお母さんにしてくれてありがとう」

娘に学校に毎日通ってほしいというのがゴールじゃないんです。成績が良くなってほしいというのがゴールじゃないんです。

お母さんは、娘さんと信頼関係を築いたうえで、娘さんに世界一幸せになってほしいのです。そこがゴールなんです。

そのゴールからまったくブレていないから、先生に呼び出されても「娘と信頼関係を築けるチャンス」と、とらえられたんです。

こんなお母さんに育てられているから、さやかさんって、ものすごく自己肯定感が高いんです。だから成績がビリでも、「慶應大学受験だって、わたしが本気になればやれる」って思えたわけです。

彼女が成績ビリのギャルから、1年で偏差値を急上昇させ慶應大学に現役合格できたのも、実は、その先のゴールから発想しているんです。

一番のきっかけは、塾の先生、坪田信貴先生との出会いが大きいのですが、当初、この塾、さやかさんの弟が面談に行く予定だった日に、弟が「塾なんか行くわけねえだろう」と断ったので、お母さんが「面談だけでいいから」と、さやかさんを誘ったのです。

さやかさんは、最初は「ギャルは忙しいんだよ。カラオケの予定がぎっしり詰まってるんだよ」と断ろうとして予定を見たら、たまたま空いていた。じゃあ、お母さんがそう言うんだったら面談だけでも遊びに行くつもりで行ってこようかなと塾に行ったわけです。

その塾で出会うのが運命の坪田先生。この先生がとにかく面白かった。さやかさんは、帰って来てお母さんに「わたし、塾に行く」と。そして、ビリギャルが慶應大学を目指すことになったのです。

さやかさんが坪田先生に、何と言われたか？

「さやかちゃん、慶應ボーイって聞いたことある？　慶應ボーイってすごいんだよ。嵐の櫻井翔くんだって慶應ボーイだし。さやかちゃん、かわいいから慶應に行ったらミス慶應になるかもしれないね。ミス慶應になったらアナウンサーになれるかもしれないよね。で、アナウンサーになったらプロ野球選手と結婚できるんだよ。プロ野球選手と結婚したら大金持ちになっちゃうな」

さやかさんは、坪田先生の話を聞いてるうちに「ヤバい！」って思ったそう。「慶應行く！」って（笑）。

慶應に行ったその先の未来にときめいちゃったのです。

人はときめいたら勝ちです。ワクワクする未来を描けたら、あとは勝手に努力します。子どもが朝まで親に隠れてゲームをするように。さやかさんがワクワクして「塾に行く」と言った瞬間、お母さんは泣いて喜んでくれた。合格したときよりも喜んだらしいんです。

お母さんが子育てで一番大事にしていたのは、「勉強なんかできなくても、ワクワクすることを自分で見つけられる人になってもらいたい」、その一点だったからです。

でも、塾に行くことをお父さんが知ると「アホか！」と言われてしまいます。成績ビリのギャルを塾に行かせるなんて、お金をゴミ箱に捨てるようなものだと。

それでお母さんとお父さんが仲悪くなっちゃったそうなんですが、お母さんは「すべてわたしがやります」とパートで働いて塾代を稼ぎ出すんです。お母さんにとって、苦しいときこそ、娘さんと絆《きずな》を結ぶ大チャンスなんです。

慶應大学受験の1カ月ぐらい前に、さやかさんはお母さんから封筒を預かりました。先生に「遅くなってすいません、と渡して」と。なかに入っているのは塾の費用です。さやかさんは中身を見なかったそうですが、事情を知る先生は、さやかさんに**「この封筒の重みを絶対忘れちゃいけないよ」**と言ったそうです。

その封筒の重みで、さやかさんは「お母さんのためにも、絶対に慶応に合格する！」と受験勉強に猛チャージが入って、8時間の勉強を15時間と倍に増やしてみごと合格するんです。問題が起きるたびに、お母さんが娘さんとの信頼を築いてきたからこその結果です。

ここで注目してほしいのは、「アホか！」と言ったお父さんの存在です。お父さんが敵役として立ちふさがってくれたからこそ、最後の最後にさやかさんはスイッチが入ったのです。お父さんも、未来劇場に欠かせない「敵役」という役割を演じてくれたわけです。そうなのです。

ゴールから描けば、人生に立ちふさがる「壁」は、新しい世界へジャンプするための「扉」になるのです。ゴールから描くと、すべてはそこに至るための伏線にできるのです。

敵役ですら、大事な役割になります。
ゴールから描くと、人生はワクワク興奮するゲームに変わるんです。

僕がいま、いろいろな場所でお伝えしている予祝もそうですが、ゴールから発想すると、とにかくワクワクしてくるんです。一方、現状から発想するとすぐ深刻になる。深刻からスタートするか、ワクワクから始めるか、これでまったく結果が違ってくるのです。

「成功したからワクワクするのではなく、ワクワクしてるから成功する」
「正しいことは続かないけど、楽しいことは続く」

メンタルトレーニングのパイオニア西田文郎《にしだふみお》先生の言葉です。

成績ビリのギャルさやかさんが慶應大学を目指そうと思ったのも、先生が、受験のその先の未来の大学のキャンパスライフをワクワクするように描かせてあげたからです。

実は、受験も恋愛も仕事もダイエットも全部一緒です。

全部「目標」に置き換えられるんです。

その目標をやりたくてたまらないというゴールに設定できればいいだけの話なんです。

目標にワクワクすればうまくいくんです。

うまくいかない人は、結局決めきれていない、心からやりたいと思えていない。目標というゴールにワクワクしきれていないんです。それだけの違いなんです。

未来にときめいたら、成績ビリのギャルだって天下は取れるってことなんです。すべての人間は本当は天才なんです。ただ、ときめく目標を持ってるか、持ってないかの違いだけなんです。ときめく目標さえ持てたら人は自然に天才になれます。

鼻血が出るような興奮できる未来を描けたら、そこから先の人生は〝祭り〟になります。

人生は祭りだ！

ナポレオン・ヒルの『思考は現実化する』という世界的なベストセラーの名著がありますが、大嶋さんがもし、この本を訳すならば、こう訳すでしょうね。『鼻血は現実化する！』（笑）
大嶋さん、次は『鼻血は現実化する！』って本、書きましょうね！（笑）

わが家にもビリギャルのさやかさんと同じ18歳の高校生の娘がいます。先ほど書かせてもらった娘です。彼女は小学6年生から雑誌のモデルに選ばれがんばっていましたが、「自分がかわいくないかも」というコンプレックスや誹《ひ》謗《ぼう》中傷もたまにあり、モデルのお仕事に自信をなくして、半年間雑誌の仕事を休んだことがありました。そのときは心も疲れ、ウツ気味の状態で未来が見えない状態になりました。その後、回復したと思ったら、今度は「高校を中退したい」と学校に行かなくなりました。一難去ってまた一難でしたが、ただ1つ、わたしがあきらめなかったのが「わたしの娘だから大丈夫。絶対見放さない、信じる」というメッセージを、娘に言葉や態度で何度も出し続けることでした。

「お母さんに何がわかるのか！」とつかみ合いのケンカもしました。娘は、大阪のおばあちゃんちに夜の新幹線に1人乗って、東京から大阪まで片道切符で逃げて行ったこともありました。もう大変を越していましたが、そこでも「わたしの娘だ。けっしてあきらめない、信じている」という態度を貫きました。結果、娘は無事復活。夢だったモデルとして雑誌の表紙を飾る未来も手に入れました。

「未来は絶対、この問題が解決して笑い合っている！」

どんなに大変なときも、その未来から逆回転して娘と向き合ってきたことが良かったのだと思います。

1分 WORK

①あなたの人生にどんなことが起きたら鼻血が出るほど興奮しますか？

②あなたのワクワクの定義を出してみよう（尊敬される、優しいと言われる、頼りにされる……など）。

③ワクワクを5つ出したらランキングしてみよう。

④5つのワクワクに、それを実践するためのアクションを加えてみよう。

［例］①ズームでいつも話している彼から、今度2人で話そうと言われたら鼻血が出そう

↓

②相手から尊敬される。優しいと言われる。頼りにされる。デートしたいと言われる。手をつなぐ

↓

③〈1位〉尊敬　〈2位〉優しいと言われる　〈3位〉デート　〈4位〉手をつなぐ　〈5位〉頼りにされる

④●尊敬…両親を大切にしていることを話してみる　●優しい…困っていることを助けてあげる　●デートしたいと言われる…行きたいところをメールで伝えてみる　●手をつなぐ…デートのときに自分から手をつないでみる　●頼りにされる…資料をパソコンでまとめてプレゼントする

書き出すなかで感じたことを友達に話すと、さらに深まるので、このワークを友達とシェアしてみよう。

「結婚したい」という人は、「ほんとうは結婚したくない」の法則

実は結婚相談所というのは、すごくクレームの多い業界なんです。というのは、お見合いをしても断られることも当たり前にある世界ですから、そのたびに自分の見たくなかったイヤなところと向き合わざるを得ないのでストレスがたまりやすいのです。

そのうえ、お金を払えば、みんなすぐに結婚できると思って結婚相談所に入ってくるんですが、結婚できる人は2割ほど。現在はもっと下がって業界平均でも1割ほどになっています。だから、クレームになりやすいんです。

わたしも結婚相談所を始めたときは、クレームに悩まされました。そこで、どうしたら成婚率を上げられるか徹底的に研究したのです。最初にわかったのは意外な事実でした。

「結婚したい」と入会してくる女性たちの多くは、実は深層意識では「ほんとうは結婚したくない」ということに気づいたのです。でも、本人たちはそのことに気づいていない……。

もっと正確に言うと、結婚相談所に来る人たちは、「結婚したい」と思いながらも、その裏側の深層意識で、「親や周りの目が気になるから結婚しなきゃいけないと思ってるけど、ほんとうは結婚は責任も増えるし面倒だと思っている」「いまの自由を手放したくないと思っている」「結婚するとキャリアを捨てなければいけない」など、「ほんとうは結婚したくない理由」を、自分でも気づかないところで抱えていることに気づいたのです。

表層意識は「結婚したい」とアクセルを踏んでいるのに、潜在意識では「結婚は面倒」とブレーキを踏んでるんです。

つまり、「結婚する」って本気で決められていないから成婚率が非常に低いんだとわかったんです。

そこで、結婚することを決めやすくすればいいんだとわかりました。

「逆回転の法則」とは、心からワクワクする未来を思い描き、そこから逆回転させて未来をいまに持ってくる考え方です。ただ、頭で望む未来が、ほんとうに心から望む未来と一致していない人が多いので、そのズレに気づき、「ほんとうはどうしたいのか？」を見いだすためのカウンセリング手法を考えました（それが「黒予祝」と「白予祝」という手法で、詳しくはAct4でお伝えします)。

ゴールから逆算するうえで、大事なのは「ほんとうはどうしたいのか」が、ちゃんと見えていることとなんです。そこがわかって、予祝を取り入れてカウンセリングすると、結婚成婚率が飛躍的に高まり、なんと、いままでは成婚率は9割まで上がりました。

そのノウハウは、結婚したい人だけではなく、恋人が欲しい人、パートナーシップをうまくいかせたい人、さらにビジネスにも活かせます。

うまくいく考え方はすべて一緒なんです。

まず未来から逆算していくために大事なのは、次の3つの質問に思いきり「YES」と言えるかどうかなんです。

「その未来に心からときめきますか?」
「ほんとうにその未来を実現したいですか?」
「ほんとうに?」

「その未来に心からときめきますか？」

これは重要な質問ですね。僕はよく「夢はあるけど、やる気が出ないんですが、どうすればいいですか？」という質問をいただくことがあります。でも、やる気が出ないのは、そもそもその夢にときめいていない証拠です。夢を中途半端にしか描いていないからです。

ワクワクするまで、心からときめくまで、夢が叶った先を描ききることが大切です。

1分 WORK

あなたの願いを1つ思い浮かべてみてください。

「ほんとうに、その未来を実現したいですか？」

「その未来に心からときめきますか？」

「ほんとうに？」

いま、0・1秒以内に「YES」と答えられなかった人は、「なぜ即答できなかったんだろう？」と自分に問いかけ、その理由を考えてみよう。

願っていることを一度、疑ってみることから始めよう。

Hisui

「ゴール設定する意味」
ワクワクしない目標（ゴール）など捨ててしまえ

ワクワクする未来のゴール（目標・夢）から逆回転させる。

それが本書の趣旨ですが、何のためにゴール設定するかというと最大の目的は、「いま、この瞬間」を変えるためです。


たとえば、多くの人が失敗してしまうダイエットですが、あるタイミングでは、ほぼ、みながダイエットに成功してしまうというタイミングがあります。結婚式を直前に控えた花嫁です。未来のときめきがあるから、「いまは食べない」という選択がちゃんとできるのです。


ときめく未来のゴールがあると何が変わるかというと、

「いまの選択」が変わるわけです。


つまり、「いまを充実させるため」に、ときめく未来のゴールを設定するのです。

未来とは、「いまの延長」なわけですから、いまが変われば自《おの》ずと未来も変わるのです。

そこがわかれば、ゴール（目標）は達成できない場合があってもいいとわかります。ゴールを何度変えてもいいとわかります。ゴールの目的は〝いま〟を変えることだからです。目標（ゴール）はあくまで、あなたの人生を面白くするための1つの小道具、演出にすぎないのです。

主役はあくまでもあなたであり、あなたの人生です。

目標（ゴール）とは、いまのあなたの感情にスイッチを入れる道具ですから、逆に、あなたの感情に火を付けない、ワクワクしないゴールならば、そんなものは捨ててしまったほうがいいわけです。

目標を持つことで逆に気が重くなるようなら、そんなゴール、捨ててしまえばいいんです。いまを充実して生きるために、ときめく未来のゴールを設定するのです。

最近、よく一緒にお仕事をさせていただいてる神話研究家であり、コンサルタントの加藤昌樹先生が次ページのような図で、目標がある人生と、ない人生の違いについて教えてくれました。

ときめくゴール設定がいかに大事かわかりましたよね？

最後に。人類史上最悪と言われた、第2次世界大戦下のナチスドイツの強制収容所での話をします。ここには究極の絶望がありました。

「ナチスのユダヤ人狩り」では、何百万人というユダヤ人が殺されました。毎日誰かがガス室へ送り込まれます。発狂する人も多くいました。

その収容所のなかに、ヴィクトール・フランクルという心理学者がいました。彼も「ユダヤ人である」というそれだけの理由でナチスに捕らえられていた。フランクルの愛する妻は、このときすでにほかの収容所で処刑されていました……。しかし、フランクルは、絶望のなかでも、ギリギリのところで希望の光を見失わなかったのです。

なぜか？

フランクルは、視点を未来へ飛ばしていたのです。

自分は、いま、すべて終わった未来にいると。

そう想像して、自分がウィーン市民大学の教壇に立って「強制収容所の心理学」という題で講演

目標（ときめくゴール設定）**がある人生ない人生**

目標がある

・課題を乗り越える有難い人生
・迷子にならなくなる
・自己成長できる
・優先順位が明確になる
・ブレなくなる
・自分で選択できるようになる

目標がない

・課題が何もない無難な人生
・目の前のことに振り回される
・やることがコロコロ変わる
・常に緊急事態
・追い立てまくられる
・人の意見に左右される

しているところを想像しながら、強制収容所で暮らしていたのです。

ここを出たら、絶対に、ここで体験したことを世界中の人に知ってもらう！　それだけが亡くなった家族に対して、仲間たちに対して自分ができる使命だと。

そして、戦争はついに終焉《しゅうえん》を迎え、フランクルは奇跡的に生きて収容所を出ることができたのです。

その1年後……。

何度も何度も収容所で想像していた、まさにその場面、講演するステージに立ちました。

フランクルは講演の最後にこう結びます。

「人間はあらゆることにもかかわらず、
困窮と死にもかかわらず、
身体的心理的な病気の苦悩にもかかわらず、
また強制収容所の運命の下にあったとしても
人生にイエスと言うことができる」と。

"I still say yes to life."

それでも人生に「イエス」と言う。

この言葉は、フランクルの本のタイトルもなりました。

フランクルは言います。

「困難に対して、どのような態度を取るかという選択の『自由』は、すべてを奪われてもなお最後まで奪われなかった。心の自由は、誰からもどんなときも奪われなかった」と。

絶望のなかでも心の自由は残される。

どんなに絶望のなかだって人生に「イエス」と言えるんだと。フランクルは、そのことを世界中に伝えるんだと、未来に希望をたくし、押し寄せる絶望の日々に打ち勝ち生き延びたのです。

未来を味方につけて、「いま、この瞬間」に挑んでいこう。

それが逆回転の法則です。

Act 3

予祝の法則

逆回転の奥義

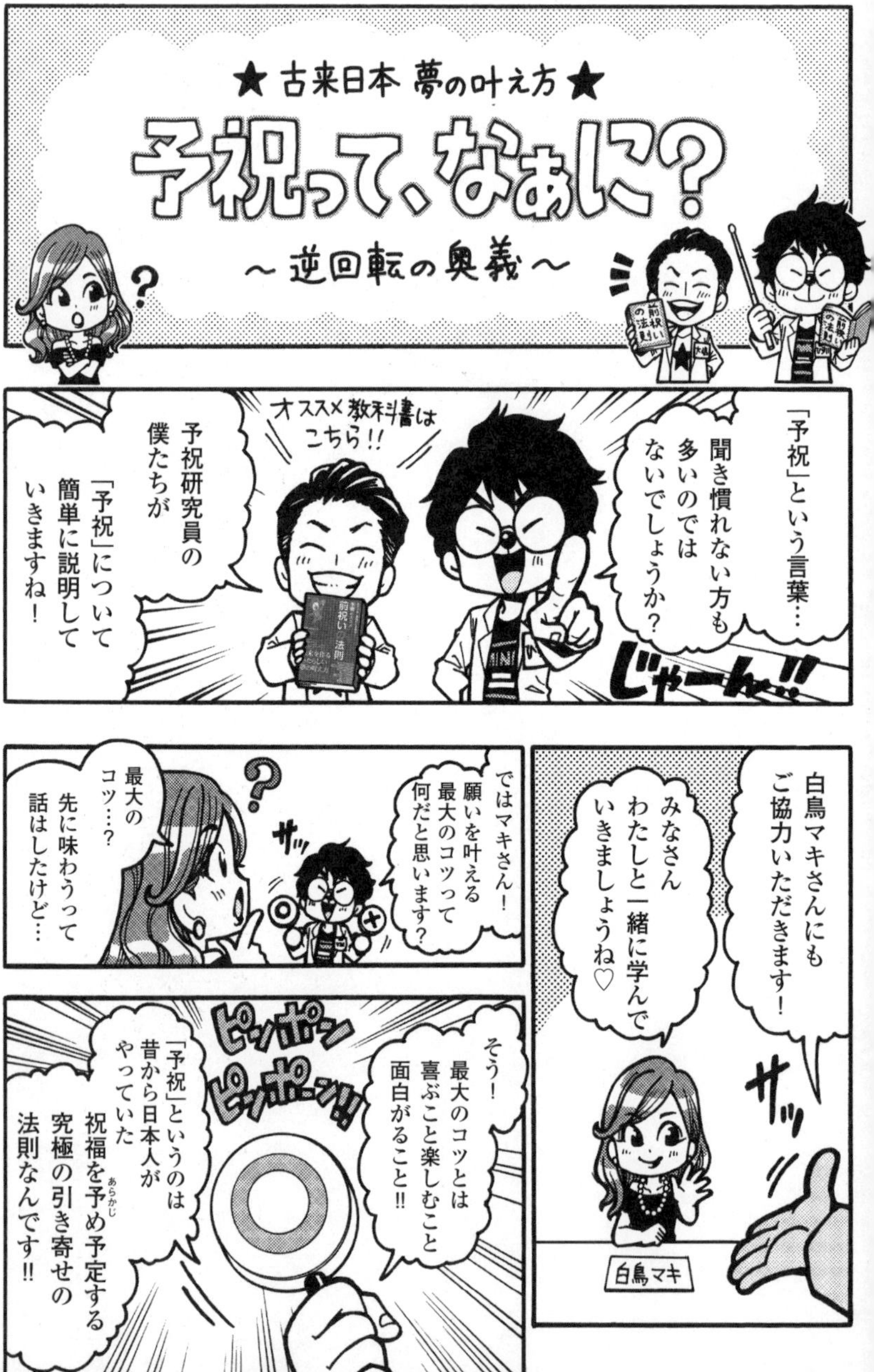
★古来日本 夢の叶え方★
予祝って、なぁに?

～逆回転の奥義～

「予祝」という言葉…聞き慣れない方も多いのではないでしょうか?

オススメ教科書はこちら!!

予祝研究員の僕たちが「予祝」について簡単に説明していきますね!

じゃーん!!

白鳥マキさんにもご協力いただきます!

みなさんわたしと一緒に学んでいきましょうね♡

サッ
白鳥マキ
ではマキさん!願いを叶える最大のコツって何だと思います?

サッ
最大のコツ…?

先に味わうって話はしたけど…

そう!最大のコツとは喜ぶこと楽しむこと面白がること!!

ピンポンピンポーン!!

「予祝」というのは昔から日本人がやっていた祝福を予め《あらかじ》予定する究極の引き寄せの法則なんです!!

いわば「前祝い」ってやつですが…
いまも残っているわかりやすい例が「お花見」ですよね！
「盆踊り」なんかも秋の豊作を喜ぶ前祝いダンスが由来です
先に喜び先に祝うことでその現実を引き寄せるというこの法則は
いまも日本人の無意識のなかに根付いているってことなんです！
マキさん色っぺえ～
では予祝の本質とは何なのか？
実は奇跡はとてもシンプルな法則で起こっているんです
ゴン
いてっ
もう！
たとえば風船を思い浮かべてみてください
その風船に小さく×を描き加えると…
かきかき
×を、かく
ふ～
現在
うわっ!!
未来
その風船は空気を入れるたび×が大きくなっていきますよね？
いっぽう風船に小さく♥を描き加えたら
その風船は空気を入れるたびに♥が大きくなっていきます
かきかき
♥を、かく
現在
わ～
未来
いま心の内側に小さな♥をつくることこそ未来を変える方法だってことです
いまに「×《バツ》」を出せば出すほどバツの未来しかこなくなるわけです

つまり喜びの未来を望むなら
先に「心の状態」を喜びの周波数に変えることなんです
家族の写真を見る
ランニングで気持ちを上げる
ぼくの場合はご機嫌に講演するために
必ずこの2つを講演前にやってます！
日本のことわざ「始めよければ終わりよし」というのは
いまの心の状態（始め）がよければ未来（終わり）もよいって意味なんです
未来のつくり方の方程式はこうです！
「心（どんな心で）」×「行動（何をするか）」＝「未来（結果）」!!
心の周波数 高い
＋
感謝
喜び
0
不満
怒り
−
心の周波数 低い
奇跡がおきる
奇跡がおきない
心
×
行動
＝
未来
ビシ!!
だから深刻になればなるほど心の状態はマイナスになるので夢は逃げてしまいます
奇跡が起こりにくいチーム…×
ずーん…
「目標（夢）」×「深刻」＝「叶わない」です
いっぽう夢が叶うときの方程式はこう！
「目標（夢）」×「ワクワク（喜び）」＝「叶う」!!
奇跡が起こりやすいチーム…♥
それイイネ!!
わいわい
前祝いをすることで心の状態をワクワクにしていこうというのが「予祝」です

江戸時代や明治の頃の日本人は海外の人たちからこのように評されていました
「日本人ほど愉快になりやすい人種はほとんどあるまい」
What's!?
「良いにせよ悪いにせよどんな冗談でも笑いこける
そして子どものように笑い始めたとなると理由もなく笑い続けるのである」
（スイス通商調査団リンダウ）
はははは
あはははははは
ひーっ
この頃の日本人はかなり貧しかった時代です
にもかかわらず
「日本人ほど愉快になりやすい人種はいない」と海外の人が口々に評してくれています
もともと日本人は生きることを
楽しむ達人だったんぜよ!!
おっ ひすい龍馬!!
さすが龍馬ファン!!
黄金の国 祝いの国 ジパングを
いまこそ「予祝」とともに復活させましょう!!
さぁ、いざ本編へ!!
あれっ 俺の出番終わり!?
ほとんどひすいさんがしゃべってたんだけど!!
ガーン
おーっ
大丈夫! 大嶋さんもこれからたくさん出ますから!
ねっ!?
しゃべりすぎちゃった…
るー…

Hisui

逆回転させて、前祝いから始める

予祝とは、古来日本人の願いの叶え方で、先に喜び祝ってしまうことをいいます。先に喜ぶことで、未来の喜びを引き寄せる。まさに予祝も逆回転の発想法なんですが、未来の願いに対して「喜びの感情」を入れ込むというのが予祝のポイントです。

「予祝」＝「未来のヴィジョン」×「喜びという感情」です。

未来のヴィジョンに感情を吹き込むことで、ヴィジョンに命が宿るのです。

予祝で人生が変わった著名人たちの例も見てみましょう。

まずは、歌手・俳優の武田鉄矢さんの例。

ミュージシャンとしてなかなか売れなかった武田鉄矢さんが夢に挫《ざ》折《せつ》し、博多の実家で寝ているときのことです。鉄矢さんのお母さんが隣で寝ていたお父さんを起こして、鉄矢さんと3人で「いまから祝杯をあげよう」と突然、言い出したのだそう。鉄矢さんは「めでたかことは、なーんにもなかばい」と伝えると、お母さんは「とにかく先に祝おう」と。

鉄矢さんはわけもわからずポカーンです（笑）。

お母さんはこう言いました。

「おまえには貧乏神が取り憑《つ》いている」。

え！！！？？？

「でも、乾杯すればその貧乏神はここまで苦しめているのに、まだおめでとうとか言ってるよと拍子抜けして離れて行く。だから親子3人でひと芝居打とう」と。

親子3人でひと芝居打ち予祝したら、武田鉄矢さんのもとに『幸福《しあわせ》の黄色いハンカチ』の映画出演のオファーがきて、その後、大ブレイクを果たします。

鉄矢さんは、これが「予祝」だったということをあとで知り「あの夜は忘れられない」と語っています。

願いや想いが、あたかもほんとうに叶ったかのように先に祝うのです。

フィギュアスケートの羽生結弦さんの例もあります。

２０１４年のソチオリンピックに向かう飛行機のなかで、羽生結弦さんは泣いていたのだそうです。イメージのなかで、最高の演技をした感動で泣いていたのです。行きの飛行機で、すでにイメージのなかで金メダルを取り、先に喜びに浸っていたのです。だから、実際に金メダルを取ったときのコメントのなかにこんな発言があります。

「飛行機のなかでイメージしすぎて、飛行機のほうが感動しちゃいました」

実際の喜びよりも、イメージのなかでのほうが、もっと喜んでるんです（笑）。

人気作家、森沢明夫さんの続々と決定する映画化ラッシュの背後にも予祝は隠れています。

森沢さんの小説デビュー作は『海を抱いたビー玉』（現在、小学館刊）という作品になるんですが、光栄なことに、ひすいが本の推薦帯を書かせてもらったんです。

デビュー作にして、最高の作品に仕上がり売り上げも好調。増刷が止まらない状況になりながらも、なんと出版社としては、ほかの本がうまく回らず倒産してしまったのです。

そんな事態が起こったことを告げる電話が森沢さんからありました。

僕はその話を聞いて、思わず、

「森沢さん、おめでとうございます!!!!!!!」

と、電話越しに口走っていました。

とにかく先にお祝いする。これぞ予祝です。

森沢さんは「はっ？　お、お、おめでとう???」と戸惑っていました。だってデビュー作にして、あんな奇跡のような美しい物語を書けて、しかも増刷、増刷なのに、会社が倒産し印税が1円も入らないなんて、ふつうあり得ない。ということはこのあとに、ふつうではあり得ないような奇跡が起きる、と僕は読んだのです。

僕は森沢さんにこう言いました。

「こんなあり得ない不運に見舞われるなんて、これからのあり得ない奇跡の伏線です。きっと作品が映画化されたり、すごいことが起きるはずですから、先に映画化決定おめでとう祝賀会をぜひやらせてください。ごちそうしますから」と僕は電話を切りました。そして、東京神楽坂で「映画化決定おめでとう祝賀会」を開かせてもらいました。僕のおごりですから、それはもう安い居酒屋を探したことは言うまでもありません（笑）。

この予祝はみごと現実になり、森沢作品は、その後、ほんとうに映画化、TVドラマ化が続々と決定し始めたのです。

高倉健さん主演の『あなたへ』、吉永小百合さん主演の『ふしぎな岬の物語』、有村架純さん主演の『夏美のホタル』、ほかにも『津軽百年食堂』『ライアの祈り』『きらきら眼鏡』『癒し屋キリコの約束』など、いまや映像化率ナンバーワン作家と言われたりするほどです。

まあ、森沢さんの実力あってこそなんですけどね。ちなみに、僕が森沢さんの電話でいきなり「おめでとう」と伝えられたのは、以下のような背景がありました。

つらいことが大きければ大きいほど、その出来事を受け入れられたときに空高くジャンプできるのです（下図参照）。

逆回転という発想さえあれば、このピンチはどんなジャンプアップの伏線になっているのか、という視点が生まれるわけです。

デビュー作の出版社さんが倒産ってかなりマイナス度合いが大きいですから、この出来事を面白がれたら、相当なギフトが舞い降りてくるなと推測できたんです。

これを「逆風は振り返れば、追い風理論」と言います。

はい、たったいま名付けました（笑）。

逆境は面白がれたら（受け入れたら）反転すると覚えておいてくださいね。

ピンチも逆回転させれば、大躍進の伏線となるのです。

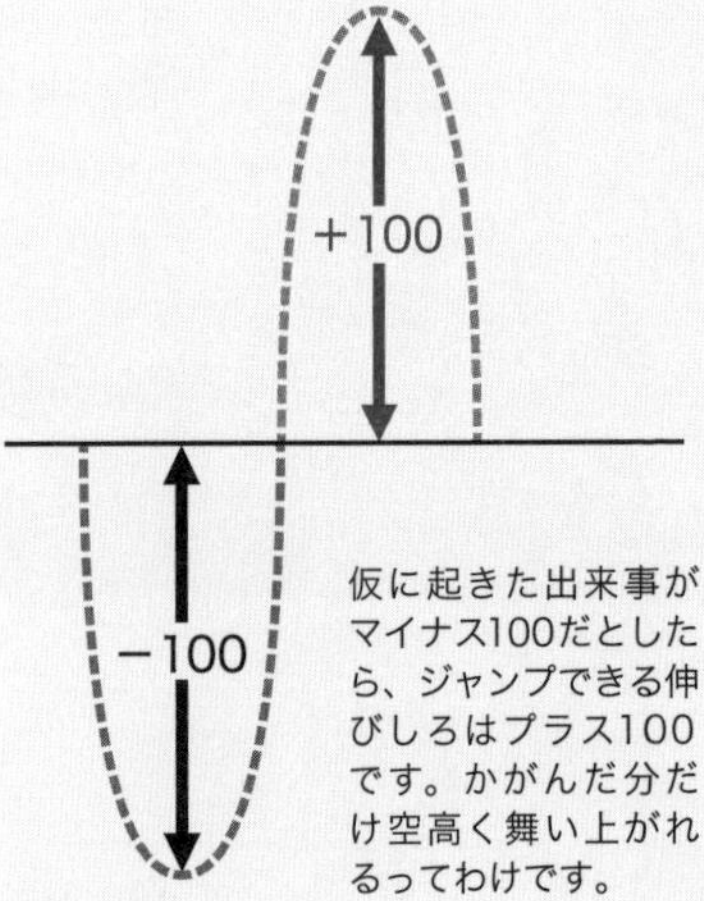

仮に起きた出来事がマイナス100だとしたら、ジャンプできる伸びしろはプラス100です。かがんだ分だけ空高く舞い上がれるってわけです。

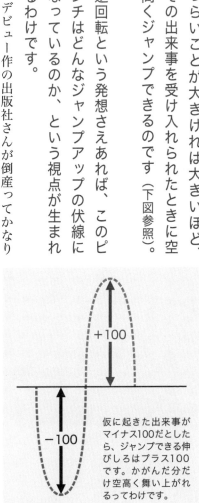

予祝って、タイムマシンに乗って、未来のワクワクをいまに持ってくるというイメージです。未来の楽しいワクワクなエネルギーをいまに流す作業。いま、つらかったとしても、未来の楽しいことをいまの自分に流せたら素敵じゃないですか？　そして、予祝は日本古来の文化だけあって、実は、日本語は予祝しやすい言語になっているんです。

未来系の言葉は、英語では「will」と付けるので、未来の話なんだとすぐわかるんですが、日本語の場合は「結婚する」も「付き合う」も「成功する」も現在ともとれるし、未来形ともとれます。つまり、現在の話なのか、未来の話なのか、わかりにくい言語だからこそ予祝がしやすい言語なんです。

日本語は現在形、未来形の区別や違いがあまりないので、未来の話を現在形ですんなり表現しやすいのです。それもあって明るい民族であり、お祭りをしたり、予祝文化が生まれたのだと思います。すなわち予祝が生まれながらにして備わっている言語を日本語は持っているんです。日本人なら予祝をしないのはもったいないですよ。

1分 WORK

250年以上の歴史のある新潟の酒蔵（今《いま》代《よ》司《つかさ》酒造）で「予祝」という日本酒を売っています。さあ、そのお酒で仲間と一緒に前祝いしよう。

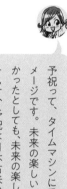

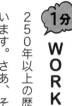

Oshima

婚活予祝をして1週間でパートナーが見つかった！

僕は全国に予祝講師を1000人つくって、予祝を広めようとしています。予祝講師には、子どものための予祝講師や部活などのスポーツの予祝講師、ビジネスパーソンの予祝講師などさまざまですが、もちろん恋愛予祝講師もいます。

その予祝マップづくりを教えている講師の岩井奈央子さんが、実際に恋愛の予祝マップをつくったら、なんと1週間で彼氏ができてしまったんです。

その話を事務局にも連絡してくれて、自身のブログにもそのことを掲載してくれましたのでご紹介しますね。

もうあきらめたと思っていた願いが、私のなかから出てきました。

それは「素敵なパートナーと恋愛したい」でした。

私もびっくりしたんです。「もう恋愛はしない」とあきらめて、捨てていた夢が素直に浮かび上がって「私は恋をするべきだ」と運命のようなものを感じたんです。

私はいままで恋にも愛にも恵まれませんでした。

私は過去に2回離婚を経験しています。彼氏がいたこともあるのですが、あまりいい恋愛とは言えませんでした。

少し過去をさかのぼらせてください。

1人目の夫はあまり定職につかず、職を転々とし、常にお金が心配でした。子どもも2人生まれたのに夫は変わらず。ガスや電気が止まってしまわないか、よく心配していました。そして、私が働いたほうがいいのではないかと思い、離婚を機に仕事を始めました。

2人目の夫のときもつらかったです。

子どもたちと夫との関係がうまくいかず、ケンカが絶えず、娘は家を出て行き家族がバラバラになってしまいました。

私も家族を守ることができなかった自分を責めていました。つらくて、いつも頭のなかがいっぱいいっぱいの状態で、何も考えられず、日々の仕事をこなすことしかできない状態でした。このままでは良くないと思い離婚を決めました。

「もう恋愛をしない」と思っていました。そんな私が「予祝」に出会い、講座のなかで自分の夢や目標について向き合っているうちに自然に出てきたんです。

「素敵なパートナーと恋愛したい」という一度は封印した、私の素直な願いが……。

私は、その願いを大事にするため「婚活予祝をしていこう！」と決めました。

「私が、いま幸せじゃなかったら説得力ないなー」と思い、すぐに自分の恋愛の「予祝マップ」をつくりました（次ページ）。

その「予祝マップ」をつくる過程で、ワクワクしてきて、なんか「恋愛、できるわ」「パートナーできるわ」と自然に思えてきたんです。

パートナーと行きたいお店や、してみたいヘアスタイルを雑誌から切り取ったり、そのときの私の笑顔の写真を切り取って貼り付けて……。

すると、いままで無意識的に「ムリだ」と思っていたことが、ひっくり返った気がしました！

ところが、そんなワクワクしている私に困ったことが起こりました。

なんと、ワクワクしすぎて眠れなくなってしまったのです（笑）。

予祝するって、臨場感がそれほど生まれるんです。

それから数日後、以前知り合った経営者の方とお食事をする機会がありました。相手は経営者の男性。

たまに
デート♥
ある
恋するアラフィフ♥
2019年12月31日
理想のパートナーと出会うことができました。
ありがとうございます。
理想のパートナー
・年上
・パソコンにくわしい
・経営者
・前向き
・車運転できる
・やさしくて話をきいてくれる
・服のセンスがいい
・そこそこイケメン
・私より収入がある
・月1回ぐらい会える
・仕事を励ましてアドバイスくれる

経営のことやこれからの恋愛のことがいろいろ話せたらスッキリするだろうなぁーと思い、食事に向かいました。そして、恋愛の話をしてみました。

「私、これからこんな恋愛をしたいんです」

「話を聞いてくれる優しい人がいいんです」

「たまにデートしてくれる人がいいんです」

と、私の好みについて話しました。もしかしたら、その人が紹介してくれるかもしれないじゃないですか。だから、着飾ることなく自然体でいろいろ話ができたんです。そうしたら、

「僕と付き合ってみる？」って……。

えっーーーーーーー！　衝撃でした。

そしてもっと衝撃なことに、私は「はい」と返事し、付き合うことになりました。

「恋愛予祝マップ」をつくって1週間も経たずにです！


予祝すごい……。

感動しすぎてすぐに「予祝ＭＡＰ」の事務局さんに報告しちゃいました（笑）。

かつては、希望もなかった。絶望もした。だけどいま、私は幸せです。

予祝すごいですよね。パートナーができたら、今度はパートナーと2人で予祝すると、さ

らに楽しいですからね。

岩井さん、1週間で恋人ができたってすごいですよね。

僕は人生をかけて、この予祝を広める活動をしています。先に祝うことで、先に喜ぶことで、人生を変えてきた僕らのご先祖さまたち。日本古来の文化「予祝」。でも、いま、日本人は、祝うことをすっかり忘れてしまった。喜ぶことをすっかり忘れてしまい、深刻になっています。だからこそ僕は、年末年始は家族みんなでワイワイ「予祝マップ」をつくるような日本にしたいなって思ってるんです。お父さんの夢、お母さんの夢、子どもたちの夢をみんなで書き合って、みんなで予祝して喜び合う家族。僕はこの国をそんな祝いの国にしたいなって今日も活動しています。

（「恋の予祝マップ」は292ページ参照。この本のラストワークになります）

1週間で恋人ができた「恋の予祝マップ」。
すごいっ！　僕もさっそくつくってみようかな。

善は急げです。ひすいさん、一緒につくりましょう！！

おーーーーい！！！（笑）

ピンチも予祝！逆境も逆回転で切り抜ける

甲子園出場回数41回を誇る甲子園常連校、仙台育英高校で長年指導された佐々木順一朗監督（2018年より石川高校監督）とコラボ講演をさせていただいたことがあります。仙台育英がなぜ強いのか。なぜ奇跡を起こすのか。その秘密がよくわかりました。ひと言で言うなら、

「野球を面白がっているから」です。

佐々木監督自身が誰よりも野球を楽しんでいるんです。

冬の練習には監督自ら真剣にEXILEのダンスを練習して、大会ではウォーミングアップのときに相手選手の見ている前で、ダンスをど真剣に踊ります。

野球を面白がるとは、ピンチも楽しむということです。

野球にピンチは付きものですから、あらゆるピンチをどう楽しむか、1つひとつ事前に考え抜いて、準備しているのです。

これも逆回転の発想法です。

甲子園出場を決める超大事な決勝戦で、初回に5点取られたときもそうでした。ふつうの監督ならイライラがマックスに達し、選手たちを怒鳴り散らしている場面。しかし、その大ピンチに佐々木監督はこう言ったんです。


「ついにこれを使うときがきたか」

「ついにこれを使う？」

「？？？？」

選手たちはきょとんとしています。

監督はおもむろに扇子を取り出してパッと開いたのです。

その扇子にはこう書かれていました。

あわてず
あせらず
あきらめず

選手たちは、大爆笑です。

笑わせたあとにはこう言いました。

「おまえら、ここまでは俺の予想どおりだ」

5点取られたことは想定どおりだと言っているんです。監督は続けます。

「5回までに1点返せれば、この試合、俺たちの勝利だ」

そして最後のキメ台詞《ぜりふ》は、

「おまえら、面白くなってきたな」

これで選手たちの気持ちは最高潮に達し、実際にこの試合、5点差をはねのけて奇跡の大逆転勝利をしています。佐々木監督は、こう言っていました。

「甲子園に行くことが目的ではない。俺は、選手たちに勝ち負けよりも『いいオヤジ』

になってもらいたいんだ」

やはり、逆回転なんです。

甲子園出場のその先の未来から佐々木監督は逆回転させていたんです。

甲子園出場を目標に掲げるのは何のためか？

困難に負けずに夢を叶える、かっこいい大人になってほしい。

そこが佐々木監督のゴールなんです。

そのゴールから逆算してるから、困難を誰よりも楽しんでいる姿を自ら見せているのです。


究極のリーダーの「あり方」を学ばせていただきました。

やはり楽しむこと、面白がることは最強なんです。

日本神話である『古事記』の「岩戸隠れの物語」も、天照大《あまてらすおお》神《かみ》が岩戸に隠れ世界が闇夜になってしまうという大ピンチに神さまたちは、踊り、楽しみ、面白がることで天照大神を岩戸から引きずり出し光を取り戻しました。それが日本の神話なんです！　ピンチを楽しめたとき成果は最大となるのです。

もう1つ例を挙げますね。

先日、阪神タイガースの藤浪晋太郎選手と食事に行きました。彼の出身校は、甲子園常連校の大阪桐蔭高校ですから、僕は「西谷浩一監督はどんなリーダーだったの？」と聞きました。藤浪選手の答えに感動しました。

「練習はめちゃくちゃキツくて厳しかったですけど、夢にワクワクさせてくれた人でした」

監督はこう言ったそうです。

「おまえらの友達は、遊んだり、彼女ができてデートしたり、楽しそうに見えるかもしれん。でもな、甲子園という最高のステージで野球ができることは、どんな遊びとも比べることができない、感動と喜びがあるんや。日本一の景色は、さらにとんでもない感動がある。

『本気で練習をやってきてよかった。キツい練習に耐えてきてよかった』

必ずそう思う日がくる。必ずくる。俺は、おまえたちと日本一になって、最高の感動を分かち合いたいんだ」

「西谷監督は、そんなふうに熱く話してくれました。日本一という目標にワクワクさせてくれました。だから僕たちは、どんなキツい練習も乗り越えることができたんやと思います。

そして、日本一にもなることができたんやと思います」

大阪桐蔭高校が、なぜ強いのか？

ワクワクがあるからです。

苦しい練習のその先に、想像を絶する、とんでもない感動があると、その先の未来に選手たちみんながワクワクしていたからです。

もっとも険しい道が、もっとも感動する道なのだと。

最高のリーダーとは、
困難の先にあるワクワクや感動や価値を、
臨場感を持ってみんなにイメージさせられる人です。

1年後、10年後、20年後、30年後、１００年後を見てきたかのように、そのヴィジョンを示し、夢にワクワクときめかせてあげる力です。

コンサルタントの福島正伸先生も、会社で起き得るすべてのピンチを事前に想定して、そのときどうするか、どう言うか、すべて具体的に決めているそうです。

たとえば、最悪の事態。会社の資金繰りが危なくなったとき。

「社長、資金繰りが危ないです」と仮に部下に言われたとき、福島先生はこう言うと決めているそうです。

「ようやく俺の出番がきたようだ。みんなは持ち場に戻っていつもどおりの業務をしてくれ。ここからは俺がなんとかする。ただ1つだけ言わせてくれ。

俺の後ろ姿を見て、惚れるなよ」

クーーーーーーー!!!!　シビレます（笑）。

日本を代表するラーメンチェーン一風堂の河原成美《しげみ》社長は、「ラーメンという日本の文化を世界に広めていく」という夢を持ち、社員をワクワクさせて困難を乗り越えています。

僕が大変お世話になった中村機械の中村吉延社長は、「会社は大人の遊園地」であると考え、社員さんが働きやすい環境をと、工場がピカピカの高級ホテルのロビーみたいになっていたり、機械が大好きな技術者さんのために、たまらなくワクワクする最新の機械を導入しています。

マンガ『ワンピース』の主人公ルフィだって、「海賊王に、俺はなる！」というワクワクする夢を掲げ仲間との絆を結び強敵に挑んでいます。

ワクワクは、仲間を引き寄せる力になります。

困難に立ち向かう勇気を引き出します。

ピンチや逆境でもやっぱり逆回転なんです。

まさにピンチピンチ♪　チャンスチャンス♪　ランランラン♪　ですよね。

WORK

ピンチがチャンスになるマンダラシート

《8つの質問に答えるだけで、ピンチがチャンスに変わります》

「ピンチはチャンス」と言われますが、それは間違っています。正確に言うならば、「ピンチがチャンス」なのです。すべての問題は現状から抜け出し、あなたを飛躍（成長）させるために起きています。すべての悩みはあなたの愛を深めるためのプロセスなんです。

今回は、そのことに気づくためのワークを用意しました。

たった8つの質問に答えるだけでピンチの後ろに隠れているチャンスの芽が見えてくるマンダラシートです。

たとえば、パートナーとの関係に悩んでいるときも、この8つの質問に向き合ってみてくださいね。

《問題》

❻この問題を乗り越えたとき、誰がどんなふうに喜んでる？	❸ほんとうはどうしたい？ この問題がどうなったら最高？ ラストシーンを想像してみよう	❼この問題に対してどんなアクションを起こせそう？
❷これは何のチャンス？	**《問題》** あなたの抱えている問題を1つ書き出そう	❹この問題を通して、あなたはどんな成長を果たせそう？
❺この問題をクリアしたとき、どんな素敵な自分になれている？	❶この問題を通してあなたが不安に思っていることは？	❽この問題を解決したとき、うれしくて、思わずやってしまうことは？

Hisui

ヒーロー・ヒロインの共通点

アメリカのアニメのヒーローは、スーパーマンに代表されるように筋肉隆々《りゅうりゅう》であるという特徴がありますが、日本のアニメの主人公には別の共通点があります。

『鬼滅《きめつ》の刃《やいば》』の炭治郎、『NARUTO―ナルト―』のナルト、『Dr.スランプ』のアラレちゃん、『ドラゴンボール』の孫悟空、『風の谷のナウシカ』のナウシカ、『機動戦士ガンダム』のアムロ・レイ、『新世紀エヴァンゲリオン』の碇《いかり》シンジ、『未来少年コナン』のコナン、そして古くは『一休さん』。

日本のヒーロー、ヒロインは、ピュアな子どもとして描かれているケースが圧倒的に多いのです。**子ども心こそ、人類の集合無意識にダイレクトに飛び込める、夢を叶える無敵のパワーの源泉だからです。**

子ども心こそ、潜在意識の扉を開く鍵を握るわけです。

『超常戦士ケルマデック』(M.A.P.出版刊)の著者ケルマデックさんというカウンセラーが、

子どものときの文集を取り寄せて、ある研究をしました。**どう文集に夢を書くと、その後、夢が叶っているのかと。**それがわかれば、夢が叶うコツがわかるわけです。

そこでわかったのは、「プロ野球選手になりたい」というふうに「なりたい」と書いている人の夢は叶いにくく、夢が叶う人は「しています」と断言している人だったとか。

「お菓子屋をやっています」と書いている人は、ほんとうにお菓子屋をやっていたし、「わたしはママをやっています」という女の子は、ほんとうにスナックのママをやっていたそうです。そっちのママなんですが（笑）。

子ども時代の文集の研究では「やっています」「なっています」と断言して書いたことは、かなりの確率でほぼそのとおりになっているとわかったそうです。

つまり、子ども心にかえって、無邪気な心で「こうします！」と断言すれば、その願いは圧倒的に叶いやすいわけです。

予祝の本質は、無邪気な子ども心にかえって楽しんでやることが秘訣なんです。

6歳ぐらいの子どもに戻ってやるんです。

こんな例もあります。毎月100人以上のがんや難病の患者さんが全国から訪れる、人気のみうらクリニックの三浦直樹院長は、自ら予祝ドクターと名乗ってくれています。それで、予祝を医療の面でも取り入れて、すごい実績を出されているんですが、三浦先生と共著で『病気が治る人の予祝思考！』（マキノ出版刊）という本を出させてもらったんです。そのなかに、予祝で奇跡を起こしている江崎陽子さん（40代・女性）の例が出てきます。

彼女は30歳のときに乳がんを発症。手術を受けますが、10年後に乳がんが再発。2018年春に全身にがんが転移し、おなかには腹水が大量にたまり、文字どおり妊婦さんのような外見だったそう。

三浦先生のところに来たときは、担当医から余命6カ月の宣告を受けていました。三浦先生は、患者さんには、**「ちょっと顔がニヤけるような夢を持ってください」と言っているのですが、ワクワクできる願いを持っている人のほうが病気が治りやすいからだそうです。**

「がんがよくなったら、どんな服装でどこへ行きたいですか？」との三浦先生の質問に陽子さんは、着物が好きなので、「ハワイに行って、浴衣を着て歩いてヒューヒュー言われたい」と言ったんだとか。友人がハワイで結婚式を挙げるのでそこに参加したいと。でも、彼女は歩くのも大変な状態で、段差、数センチの高さでもキツかったそうです。

そんな状態ながらもみうらクリニックに通いました。結果、6カ月の余命宣告だったにもかかわらず、宣告された余命を大幅に超えて良くなり、なんといま、みうらクリニックで元気に働いていらっしゃるのです。

本の出版記念の打ち上げに彼女も来てくれて、当時のことをより詳しく教えてもらいました。そのときに、子どもに予祝してもらったことが、実はすごい効果を出していたのではと感じました。


陽子さんは、余命6カ月と宣告されて、小学生の子どもたちは「お母さんが死んでしまう」と親子で泣いて暮らしていました。ところが、お母さんが元気になることを予祝してるうちに、子どもたちには、予祝も現実も、そこに区別はなくて、予祝するうちにすっかりお母さんが元気になるイメージが湧いて、まずは子どもたちが見る見る元気になっていったのだとか。それに引きずられるように陽子さんも元気になっていった。

子どもって素直だから、前祝いと現実の区別がないんです。これが無敵の子ども心です。予祝で祝う未来をすんなり信じられる。その子どもの視線が、陽子さんが元気になる未来を導いてくれたんじゃないかって感じたんです。

その予祝を心から信じてあげられる人が増えるほどに、その未来が確定的になるってことです。

願いが叶う秘訣は子ども心です。

だから、ノートに書く予祝の夢は、カッコつけずに子ども心満載で、ひらがな多めで小学生の作文のように書くといいんです。

「ぼくは、この星のドラえもんになるんだ。4次元ポケットから未来の考え方をいっぱい取り出して、みんながすご～く喜んでくれてぼくも楽しい。そして、それらの作品が『星の王子様』を超えるほど売れちゃって、おもわずニヤニヤしちゃうんだ。うふふ」みたいな（笑）。

夢をノートに書く前に、子どもにかえって、ハイハイしたあとに書いてもいいです。ただし、絶対にその姿は家族には見られないようにしてくださいね（笑）。

子ども心とは、自分の本心に素直ってことです。

皆の衆、子ども心にかえるのだ～♪

大丈夫。僕らはみんな子ども出身。

玄関を開けたら走って公園にかけ出していた、あの頃を思い出せ。

WORK

予祝インタビュー

「予祝インタビュー」はぜひやっていただきたい、予祝を代表するワークです。大嶋は、高校野球のメンタルコーチをしていますが、この予祝インタビューをすると、チームの空気感がガラッと明るく変わり、甲子園出場をはたした高校も多数出てきています。強力な効果があります。1人でもできますが、基本、2人でやるワークです。1人がインタビュアー。もう1人が、夢や願いをすべて実現したという前提で、なりきってインタビューに答えていきます。

《予祝インタビューのポイント》

●夢が叶った自分になりきって、本気で恥ずかしがらずに話すこと。

●ノリを大事に、思い浮かんだことをテンポよくどんどん「出まかせ」で答えていくこと（出まかせとは、出るに任せること。すると直感が働いてきて、未来の兆しをキャッチしやすくなります）。

●子ども心全開で無邪気に、ドキドキ不真面目に自分の妄想を語ること。

●感情を入れると予祝のエネルギーが入るので、視覚情報、聴覚、触覚、嗅覚、味覚と五感をフル稼働して未来を感じてみよう。数字も具体的な数字を入れて話せたらベスト。

●大きな夢を語るのに抵抗がある場合は、こんなことが起きたら最高だってことを嘘でいいから語ってみよう。最初から「嘘でいい」という前提にすると、話しやすくなる人も多いです。嘘から出たまこと。まことは嘘から出るんです。

《予祝インタビュー質問例　恋人が見つかる編》

理想の恋人といま、手をつないで話してるドキドキを想像してニヤニヤしながらインタビュースタート。


「相手からは何と呼ばれていますか？」

「初めて会ったときの気持ちを教えてください」

「どんなところが好きで付き合いたいと思いましたか？」

「告白の言葉は何と言われましたか？」

「ファーストキスは、どこでどんなシチュエーションでしましたか？　そのときの気持ちは？」

「相手はあなたのどんなところ、どんなしぐさ、どんな部分が好きと言っていますか？」

「あなたはその相手と何年後にどうなりたいですか？」

「いやーー。聞いてるだけでこっちまでときめきました。インタビューありがとうございました」

《予祝インタビュー質問例　結婚編》

結婚式が終わったまさに「15分後」にインタビューをしている状況をイメージしてください。理由は未来のゴール設定はそれが無事に終わった15分後くらいが一番感覚や緊張がほぐれている状況になるからです。結婚式のウェディングドレスや衣装を着ているイメージで芸能人のように結婚の記者会見を受けているイメージでインタビュースタートです。

「出会いはどれくらい前でしたか？」

「きっかけは？　どんなところで会いましたか？」

「相手と結婚したいなと思ったポイントは何ですか？」

「プロポーズの言葉は、いつ、どんな場所で、どんな言葉で言われましたか？」

「プロポーズはどんな言葉でどんな場所でしましたか？」

「プロポーズされてどんな気持ちでしたか？　どんな返事をしましたか？」

「プロポーズしてどんな気持ちでしたか？　どんな返事が返ってきましたか？」

「相手の両親と自分の両親はどんなシチュエーションでどんな言葉を交わしましたか？」

「結婚を決める前に困難やアクシデントがあったみたいですが、どうやって乗り越えましたか？」

「今日の結婚式場を選んだポイントを教えてください」

「どんな人が結婚式でお祝いしてくれましたか？」

「友達からは今日は何と言われたのがうれしかったですか？」

「今日のドレス（男性の場合はタキシードなど）の衣装のポイントは？」

「両親への手紙や言葉は？」

「これからの新居の話を聞かせてください」

「2人の将来のお子さんや家族計画は？」

「結婚して今日はご両親、友人、関係者には何と言いたいですか？」

「最後に2人の将来の夢や目標を教えてください」

「インタビューありがとうございました」

《予祝インタビュー質問例　仕事・夢編》

「おめでとうございます。今年が過去最高の1年になって、いま、どんな気持ちですか？」

「仕事もプライベートでもかなりいろいろなことがうまくいった1年だったと思いますが、具体的にどんなことがうまくいったのですか？」

「とくにうれしかったことは何ですか？」

「一番喜んでくれた人はどなたですか？　また、その人からどんな言葉をいただきましたか？」

「なぜ、それをなし遂げようと思ったのですか？　その熱い思いを聞かせてください」

「それをなし遂げるまでにいろんな行動をされてきたと思いますが、具体的にどんなことをされてきたのですか？」

「とくに、これが達成の要因だったということは？」

「キーマンになった人は誰ですか？」

「困難もたくさんあったと思いますが、どんな困難があったのですか？」

「どうやって乗り越えてきたのですか？」

「その困難から、どんなことを学ばれたのですか？」

「多くの人はあきらめてしまうなか、どうしてあなたはあきらめなかったのですか？」

「このことをとおして、ご自身はどんな成長をされたのですか？」

「いま、一番感謝を伝えたい人はどなたですか？」

「なぜ、その人に感謝を伝えたいのですか？」

「感動的な話をありがとうございます。これからは、さらに、どんな素晴らしいことが起こると思いますか？」

「これからの新たなあなたの挑戦を教えてください」

●インタビュー後に

「予祝インタビューをしてあらためて感じたこと、気づいたことは何ですか？」

《アフターインタビュー》

予祝インタビューに答えたあとが、実はさらに大事です。
インタビューをしてくれた仲間たちに、感じたことをフィードバックしてもらいます。

最後に、その予祝の実現が1％でも高まるような行動リストをノートに書き出そう。
そして、具体的に何から始めるか決めましょう。

Act 4

決断の法則

「黒予祝」と「白予祝」

決めるが9割！

じゃーん!!
ギャー
ギャー!!
恐怖の黒予祝
vs
祝福の白予祝!!
～あなたが結婚できない、本当の理由!!～
今回は女医風スタイルよっ
まずはこの映像をご覧ください!
パッ
今回のクライアント
K子ちゃん（32）
おっ 俺のタイプじゃーん!!
ボソ…
そういうのすぐ口に出せるから大嶋さんはモテるんですね…
でもこの子ずっと結婚できないままなんです
どうしてだと思います?
読者のみなさんも一緒に考えてね!
えっ! こんなにかわいいのに!?
なんでだろー?
でもこの映像見てると…
全然結婚にワクワクしてない感じがしますよね
だって結婚したら幸せになれるんでしょ?
親もうるさいしさー
たしかに!
いい感じの答えね!
正解は…

この子が本心では結婚したくないって思っているからなんです！
結婚したいのにできない人の共通点はこれなんですよ
えーっ!? どういうこと!?
表面的には結婚したいと言ってるけど その動機が周りとの比較や社会の目だったりして
年齢も年齢だし 独身って言うの恥ずかしいし
結婚したくない理由を心の奥に抱えているのに そこに本人も気づいていない
だから ほんとうの意味で「結婚する！」って決められてないのが 結婚できない最大の理由です!!
でも 本人が気づいていないのに決めるって難しいですよね？
そこでわたしが提案するのが『黒予祝』と『白予祝』なんです!!
ピカピカーー!!
何それーっ!?
簡単に説明するとね
「黒予祝」というのは叶わなかった場合の最悪の状況を徹底的に味わうことで
「白予祝」は叶った場合の最高の未来をしっかり味わうことなんです
白予祝
素晴らしい人生だっ!!
イエーイ♪
こんな人生もうイヤ…
ケケ…
黒予祝
この両方ともがとっても大切なんですよ♡

ちなみにこの『黒予祝』は中途半端だとまったく意味をなさないのよね…
というわけで今回は黒予祝をメーターで見える化してみました…
徹底的にやるわよ…!!
ニョキ
ニョキ
ひぇぇぇ…
まずは実践編をご覧ください…
〜恐怖の黒予祝…〜
K子ちゃんがお見合いの申し込みをする前に決めてもらわなきゃいけないことがあるの
それは「ほんとうに結婚したいかどうか」
多くの人が結婚したいと言いながら…
よくよく聞くとほんとうは結婚したくないと思っていたりするんです
なるほど…
ではまず黒予祝…
K子ちゃんが結婚したらイヤだなと思うこと
思いつくかぎり挙げてみましょう!
えっと…まず自分が自由に使えるお金がなくなるでしょ?
アクセサリーもきれいなの着けれなくなるし…
子どもを産んだら1人の時間もなくなるし…
それからそれから?

いままでのキャリアもなくなるし…
ダンナさんの都合で住む場所も変えなきゃいけないかもだし
海外旅行や習いごともやめなきゃいけなくなるかもー…
もんもん
もんもん
あなたがこのままずーっと結婚しなかったとしたら…
どんな悪いことが起こると思う？
ドキッ
わたしどうしていまここにいるのかって気分になってきました…
ずーん…
OK OK！
じゃあ次はこう考えてみましょう！
さぁ！ ここからが黒予祝の真骨頂のはじまりよっ
メータースタート!!
えっと…
ゴク…
まずは
生活が安定しないかなって思います
それからそれから？
ずっと働き続けなきゃだから倒れちゃったらおしまいだし
病気や入院のとき耐えられないかもしれません…
カキカキ
40%
グングングン…
黒予祝メーター

ほかには？
クリスマスや お正月は 独りのままだし 両親や周りが 年を取ったら 孤独になるし
あは…あはは…
人生で子どもを 産まないのは 一生後悔するかも しれないし 寂しいと思ったときには もう結婚適齢期を 過ぎてるんだろうな…
80%
ぷく…
グングングングン
黒予祝メーター
それに もしかしたら… 誰にも発見されず 死ぬのかも…!?
ぞっ…!!
ビーッ!ビーッ!!
100%!!
DANGER!
グングングングングン
黒予祝メーター
K子ちゃん K子ちゃん
ちょい ちょい
「孤独死」「女性」で ちょっとスマホ検索 してごらん……
ニヤリ…
え…？
ひっ ひいいっ… イヤああ あああーーっ!!
ポーン
※衝撃画像
計測不能!!
ニョキ
うふふ…♥
黒予祝メーター
※ほんとうに怖いので 孤独死 女性 検索 で検索してみてね！
もうイヤ… わたしこのままは イヤです…
ガク…
じゃあもう 悪いほうは ストップして プラスのほう 考えてみます？
大丈夫？
はい… お願いします…

〜祝福の白予祝!!〜
じゃあ今度は結婚したらどんないいことがあるかしら？
白予祝!!
チーン!!
また思いつくかぎり挙げてみてね！
まずは家族に囲まれて死ねますよね
ふ…
あはは…よっぽど衝撃だったのね！
それからそれから？
やっぱり生涯のお金の心配は減るし…
子どもも産める！
花嫁さんになったらかわいい結婚式も挙げたいし…
何よりずっと寂しくない！
世間から白い目で見られることもなくなるだろうし
イヤな会社は辞められるし
子どもと一緒に遊園地に行ったり…
楽しいんだろうなぁ…!!

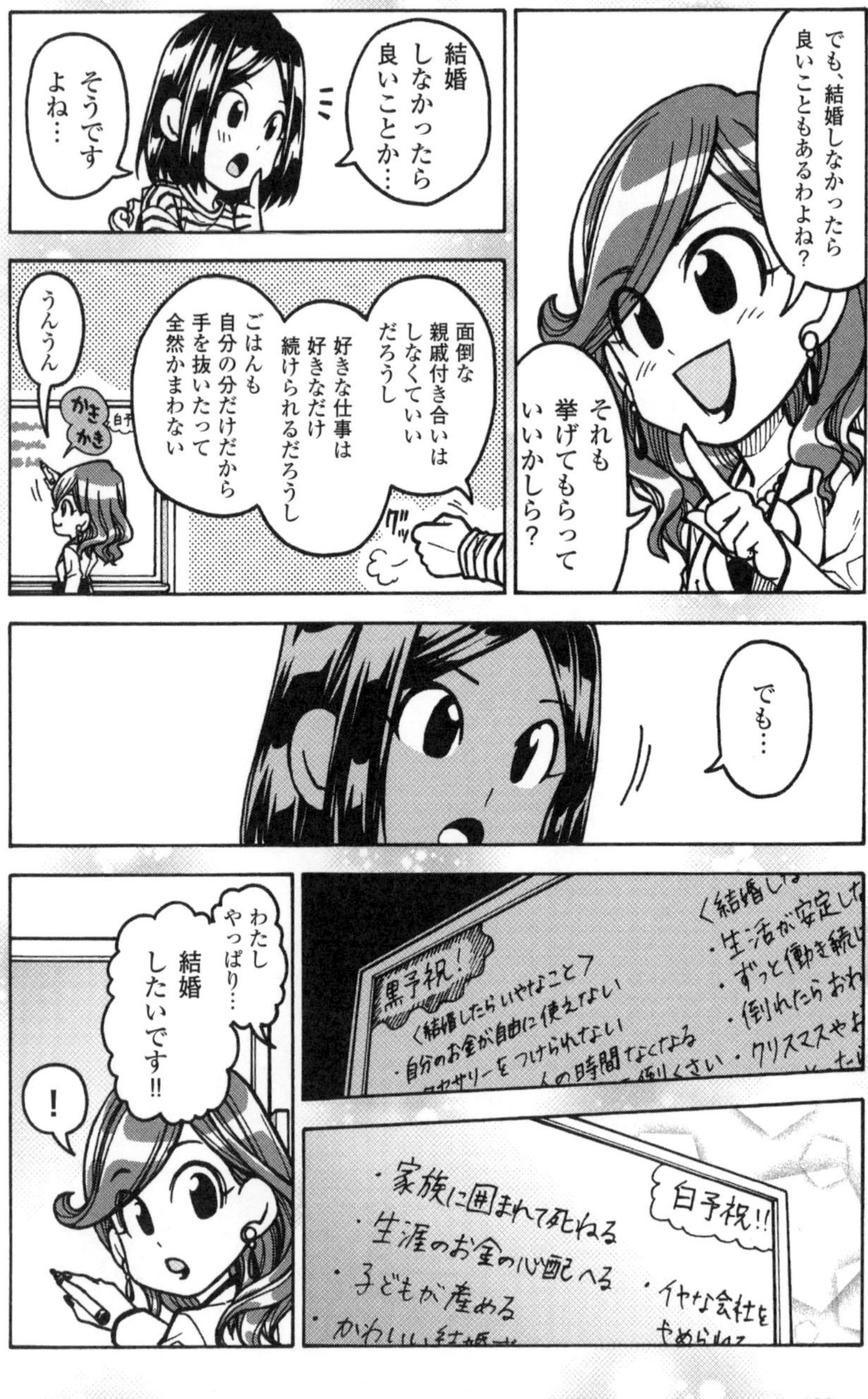
でも、結婚しなかったら良いこともあるわよね？
それも挙げてもらっていいかしら？
結婚しなかったら良いこととか…
そうですよね…
面倒な親戚付き合いはしなくていいだろうし
好きな仕事は好きなだけ続けられるだろうし
ごはんも自分の分だけだから手を抜いたって全然かまわない
グッ
うんうん
かきかき
でも…
黒予祝！
〈結婚したらいやなこと〉
・自分のお金が自由に使えない
わたしやっぱり…
結婚したいです!!
！
白予祝!!
・家族に囲まれて死ねる
・生涯のお金の心配へる
・子どもが産める

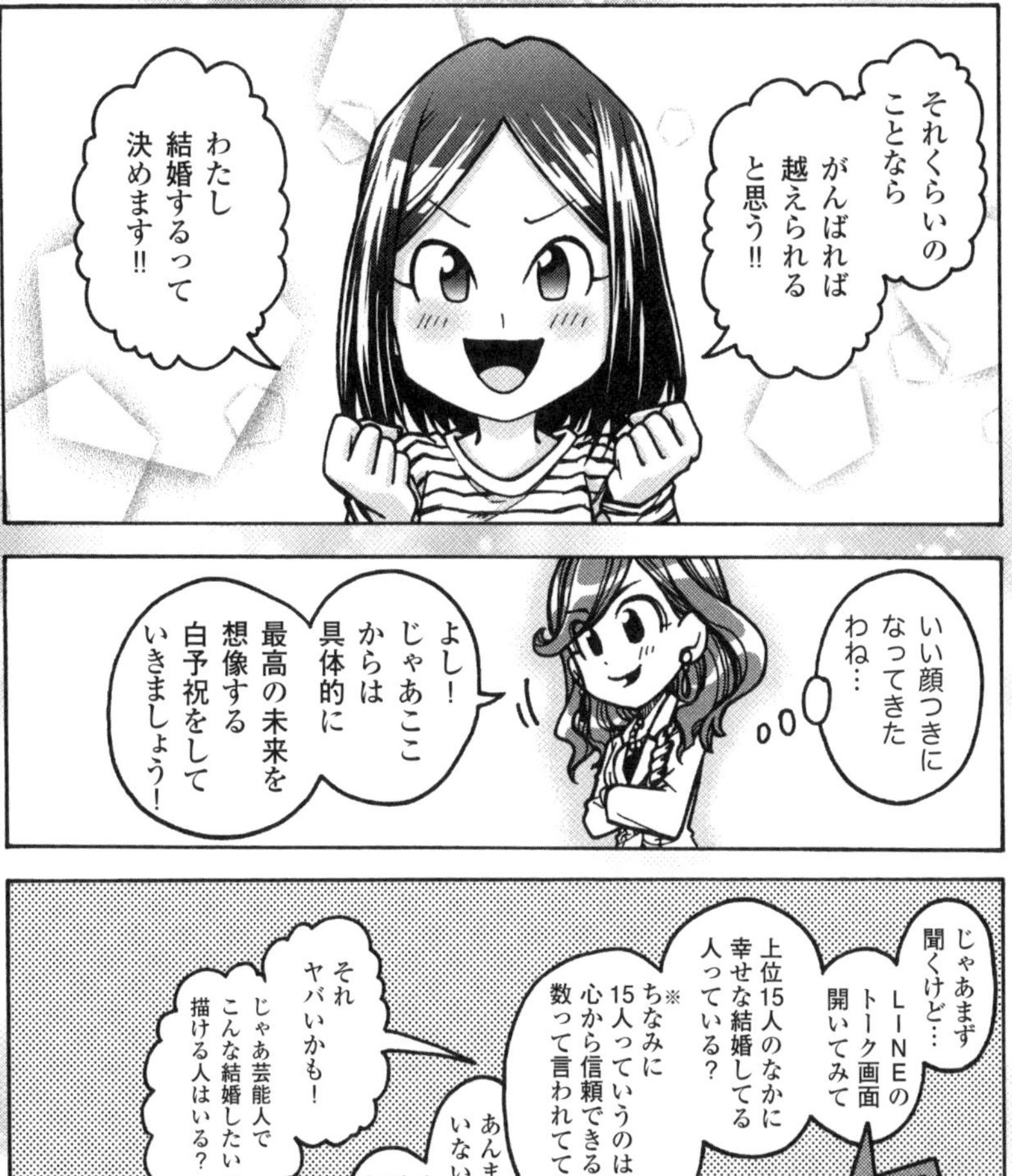
それくらいの ことなら がんばれば 越えられる と思う!!
わたし 結婚するって 決めます!!
いい顔つきに なってきた わね…
よし! じゃあここ からは 具体的に 最高の未来を 想像する 白予祝をして いきましょう!
じゃあまず 聞くけど… LINEの トーク画面 開いてみて
上位15人のなかに 幸せな結婚してる 人っている?
※ちなみに 15人っていうのは 心から信頼できる人の 数って言われてて—…
トーク
あんまり いないかも… けっこうみんな 別れてたり 未婚だったりで
それ ヤバいかも! じゃあ芸能人で こんな結婚したいって 描ける人はいる?
芸能人で よければー… えっと…
予祝は つづくーー…

※イギリスの人類学者ロビン・ダンバーの「ダンバー数の理論」より

これって
進化した
夢の叶え方
だーーーっ!!!
ビクビクッ!!
どーーんっ
AM
黒予祝で
最悪な未来を
想像することで
「こうは
なりたくない」と
望まない未来が
はっきりする
わけですね!
ぐいぐい
そう!
つまり
最悪な
未来を
想像する
ことで
望む未来へ
向かう決断が
できるんです!!
ピピーッ
ひすいさん
近づきすぎじゃ
ないですかっ!?
ちょっと
うらやましいっ
つまりそれが
〝決める〟ってこと!
もわぁ…
くさくても
見る!!
白と黒の
両方を見て
選ぶこと!
恋愛が
うまくいくために
気をつけるべきは
ここなんです!!
キラキラ
BLACK FUTURE
WHITE FUTURE
そして
もう1つ!
とーっても
大事なことが
あるんですよ
大事なこと?
??

それは自分自身で決めるということ！
白い道も黒い道もあなた自身の道だから――…
黒未来
白未来
ちゃんと自分で味わい抜いて見てほしい
自分に決定権があるんだってことを思い出してほしいんです
それに恐怖も自分で味わうからこそ希望に変わった瞬間行動に変わるってことですね
にこっ！
なるほどー
じゃあ大嶋さんもやってもらったらいいんじゃないですか！
黒予祝!!
ぐりりん
えっ！俺っ!?
ギクッ
いいですね！思いっきり恐怖を味わえばすんごい希望がきますからね!!
ギクギクッ!!
マ…マキさんまで!?
そうと決まればカウンセリング入りましょう！恋愛だけじゃなくどんな望みにも使えますからね♡
こっ怖いよ！ひどいよ！ひすいさぁ～ん!!
ズルズル
うわぁぁあぁぁ
大嶋さんファイト!!
さあ！みんな引き続き本編を楽しんでね～!!
「黒予祝 & 白予祝」まとめは次ページへ!!

『黒予祝・白予祝』のやり方・おさらい

★準備するもの★

白いノート
と
ペン

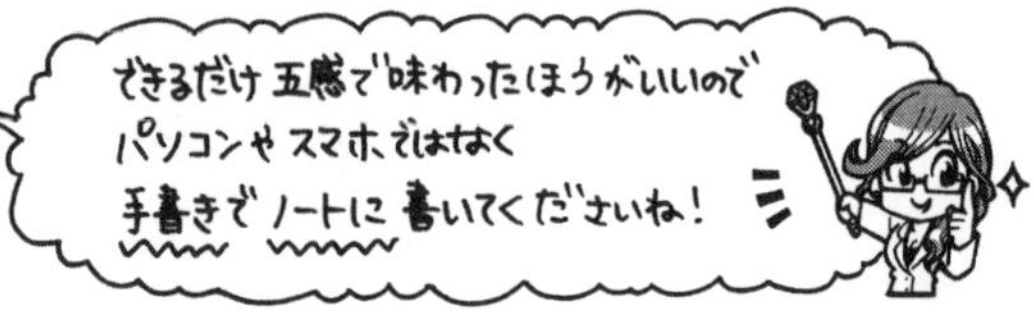

できるだけ五感で味わったほうがいいので
パソコンやスマホではなく
手書きでノートに書いてくださいね！

★ルール★

ノート中は無意識を探るため、素早く書くことが大事。なので、浮かんだ言葉は５秒以内に書くようにしましょう！

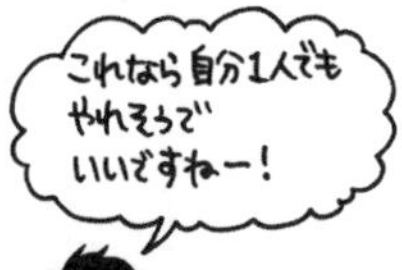

これなら自分１人でも
やれそうで
いいですねー！

メモメモ
イイネ!!
左のページに黒予祝、
右のページに白予祝を
していくようにしましょう！
なぜなら
人間の脳は
左が過去、右が未来と
想像しやすいからです。
黒予祝
白予祝
もちろん
友だちやパートナーがいる人は
対面でやってみるのも
オススメですよ♡

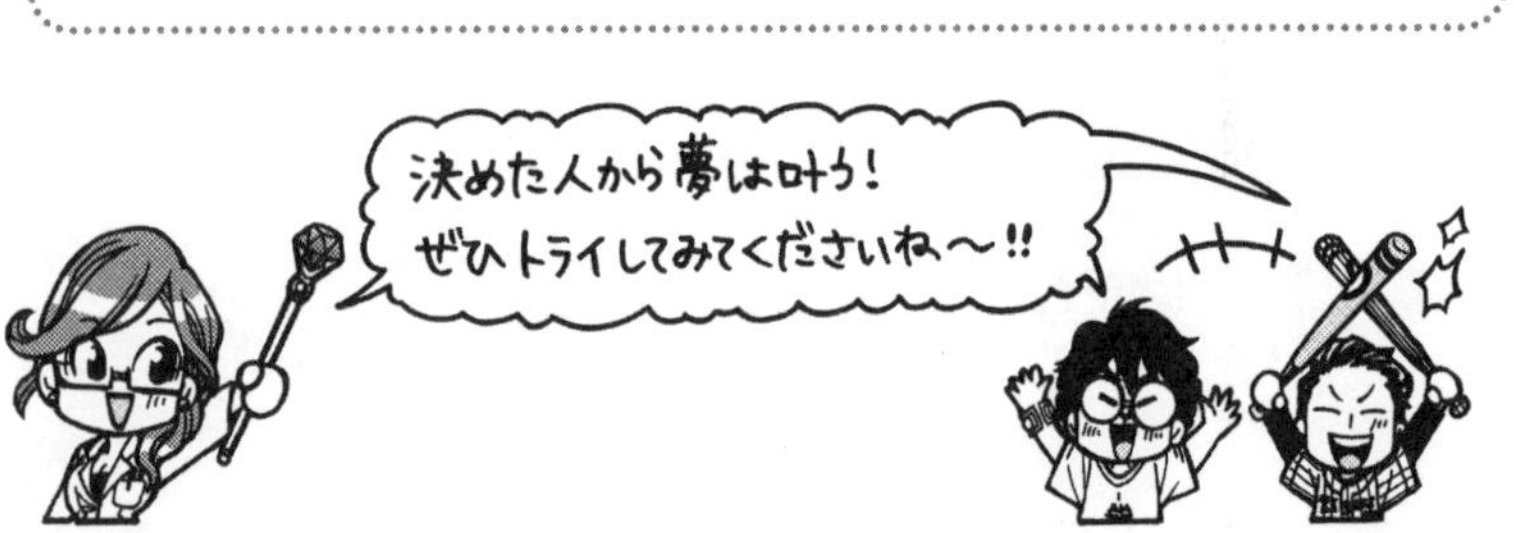

決めた人から夢は叶う！
ぜひトライしてみてくださいね〜!!
オオー

★具体的なやり方★

このまとめページでは
"結婚したい"という願いを例にして
お伝えしていきますね〜♪
ふだん、わたしがカウンセリングで使っている
この方法は 夢を叶える最強シートです!
セルフでもできるので、ぜひご自分のノートを使って
やってみてほしい!!

黒予祝

❶ こんなことになったら最悪という状態をポンポン書き出します。10 個以上書き出してください。

※そうなったときのメリット（楽なこと、都合のいいこと）もすべて書くのがポイントです。

※黒予祝をするときは「恥ずかしい」とか「カッコ悪い」など、自分を責めなくていいので、すべて書き出してみてください。

［例］
- ■結婚できなかったら、モテないから結婚できないんだと思われる
- ■孤独死するかもしれない
- ■両親から「いつ結婚するの？」と聞かれる
- ■お給料はすべて自分で勝手に使える（メリット）
- ■休日に相手に合わせないで好き勝手にできる（メリット）etc.

❷ こうはなりたくないという最悪の未来を、五感を駆使して、リアルに映像を思い浮かべ、その感情にしっかり浸かります。

この順番も大切!

白予祝

❸ 今度は叶ったらいいなと思っていること、信じたいことをニヤニヤ、ワクワク書き出していきます。

※そうならないと得られないこともしっかり書くのがポイントです。

［例］
- ■お見合いして運命の人に出会ってプロポーズされる
- ■社会的に認められる
- ■素敵なダンナ様にいつもかわいいと言われる　etc.

❹ 黒予祝と白予祝、両方を出してから、自分でどちらをとるか、ほんとうはどうしたいかを決断します。

※このとき、黒予祝の状態が心地よければ、ムリやり白予祝に寄せないで、時間や場所を変えて考えてみても大丈夫です。

「なぜ黒予祝が必要なのか？」の解説

「恋人が欲しい」「結婚したい」という願いがあっても、いま、それが叶っていないとしたら、その背後には、恋人ができることや結婚への不安、恐れ、マイナスイメージがあることを一度疑ってみてください。

恋人がいないほうが都合がいいこと。恋人がいないメリット。

結婚しないほうが都合がいいこと。結婚しないメリットがその背後に必ずあるんです。

「これまで結婚しなかったのは、どんないいことがあったから？」とあわせて自分に質問してみましょう。

先にも書きましたが、1万2000人を超える人たちのカウンセリングを通して気づいたことは、「結婚したい」と語っている人たちの多くは、ほんとうは結婚したくない理由を無意識にも抱えていたことでした。

「結婚したい」と、わたしの結婚相談所に相談に来る人たちの思いをよくよく聞いていくと、本人たちさえ気づいていなかった「結婚したくない理由」がたくさん出てくるのです。

「結婚したい」と表面的には思っているけど、無意識に……。

「結婚しないと親や周りの目が気になる。でも、ほんとうは結婚は面倒くさいと思っている」

「結婚したら、相手の親との付き合いが大変そう」

「子どもができたら、これまでの自由な暮らしが失われる」

「独りのほうが気ままに生きられてラク」

「結婚して忙しくなるのがイヤだ」

「自分のお金を自由に使えるいまがいい」

などなど、「結婚したい」と言いながらも、「ほんとうは結婚したくない理由」がたくさん出てくるんです。


で、本人たちも、この自分の本音を自覚していないんです。

だから、結婚したいなら、まず結婚に対しての無意識のブレーキを自覚する必要があるんです。これはどういう状況かというと、表層意識ではアクセルを踏み、無意識ではブレーキを踏んでいる状態になるわけです。

意識（表層意識）と無意識（深層意識）が戦ったら、まず無意識が勝ちます。

結婚したい（恋人が欲しい）という表層意識と、結婚したくない（恋人はいま欲しくない）という無意識とで綱引きをしている状態と言ってもいい。


つまり、「結婚したい」と口では言いながらも、全身全霊で「結婚する！」「結婚します！」と決めていないんです。

ですから、わたしの結婚相談所に来る人たちはすぐには入会させません。カウンセリングを何回もして、ふだん意識を向けていない自分の本心に向き合ってもらいます。


逆回転の法則はゴールから描くんですが、実は、ゴールには2つあるんです。

「最高の未来」と、このままいくと迎える「最悪の未来」の2つ。

結婚したほうが幸せなんだって！
結婚しないほうが幸せだってば〜!!
グググ
ググ…
無意識
VS
表層意識

そこで、「このまま結婚しないと、最悪どうなるか？」と考えてもらうわけです。最悪を想像してそれもしっかり味わってもらうわけです。

最悪の未来を描く、これが「黒予祝」です。

「黒予祝」をすることで、自分は何がイヤなのか初めて見えてきます。何がイヤか見えてくれれば、同時に、何が望みかも見えてきます。

そのためにも「黒予祝」を徹底的にします。

そのあとに、今度は、結婚した場合の最高の未来を想像してもらいます。


「結婚したら、どんないいことがありそうか？」

「あなたにとっての最高のパートナーとはどんな人なのか？」

「その人とどんな家庭を築きたいのか？」

「理想のパートナーと過ごす、最高の1日はどんな1日か？」

「結婚式場はどんなところでやりたいのか？」

「ときめく新婚旅行先はどこか？」

「パートナーにしてほしいこと、また、あなたがしてあげたいこと」

など、結婚することでのうれしい未来を想像してもらいます。最悪どうなるのかという「黒予祝」をしたうえで、そのあとで、逆に、今度は最高の未来を描く「白予祝」をすることで、初めて人は「ほんとうはどうしたいのか」が見えてくるのです。すると、自分の本心の望みに沿ったほんとうのゴール設定ができるので、自分の意志で決断できるのです。

自分の意志で決められたら、もう道は開けます。

以下の質問を実際に自分でしてみてください。

《深層意識を浮き彫りにする魔法の4つの質問》

この4つの質問をするだけで悩んでいるほんとうの深層意識が浮き上がってきます。

たとえば、こんな悩みが結婚相談所でありました。

お見合いをするにあたり、いまの自分は太っているので、ダイエットするけどうまくいかないという悩みでした。彼女は何回もダイエットに失敗していて、結婚に前向きになれないと。

そこで、問題を浮き彫りにする魔法の4つの質問をすることにしました。

❶痩せたらどんないいことがありますか？
⬇「きれいになって結婚できると思います」
❷痩せたらどんな悪いことがありますか？
⬇「太ってるからといって逃げている本音の部分、結婚に関して逃げている問題が浮き彫りになる」
❸痩せなかったらどんないいことがありますか？
⬇「太っているから結婚できない、婚活もうまくいかない。太っているからという理由にできる」
❹痩せなかったらどんな悪いことがありますか？
⬇「自分のほんとうの願いである結婚という人生の問題から逃げ続ける」

彼女は痩せたいけれど、痩せたら結婚という問題にいよいよ向き合うことになるということを無意識で考えてしまい、だから太っているままのほうが都合がよかったのです。

それがわかってしまえば、あとは「ほんとうはどうしたいか？」に向き合えばいいだけです。

そこで、提案して、

❶太ったまま、いままでどおり、結婚から逃げる人生
❷痩せてきれいになって結婚する人生

どちらがいいかを選んでもらったんです。すると彼女は、「❷番にします」と真の望みにしっかり決断できたのです。結果、なんと無事3カ月後に7キロのダイエットに成功されて、さらにその3カ月後、合計半年で結婚されました。

このように、4つの質問で悩みの根本的な問題がわかることで、真の望みに向かう決断ができるのです。

「結婚したら、どんないいことがあるのか？」（メリット）
「結婚したら、どんなイヤなことがあるのか？」（デメリット）
「結婚しなかったら、どんないいことがあるのか？」（メリット）
「結婚しなかったら、どんなイヤなことが起こると思うか？」（デメリット）

これらの問いを通して、黒予祝と白予祝をしっかり味わうのです。

この過程で「わたしはいま、ほんとうは結婚したくないんだ」と気づく人もいます。その

人たちには入会してもらいません。時間を置いてもらいます。最長では3年かかっても決められない人がいましたが、その人は「やっぱり結婚します！」と決めたら、90日後に結婚しました。

このカウンセリングに、多い人は10回くらいかかる場合もありますが、入会前に自分の本心を明らかにするのは、とても大切なことなのでここは丁寧に時間をかけてやります。

結婚することに対する自分への許可が大前提となるのです。

そして「わたしは結婚します！」と決めた人にだけ入会してもらいます。

しかも、わたしの結婚相談所のオリジナルの「入会申込書」は、「入会申込書」と書いてなくて**「結婚申込書」**と書いています。

「わたしは結婚します！」と結婚の契約をするつもりで、申込書を書いてくださいとお願いしています。

わたしの結婚相談所の結婚成約率が9割ととても高いのは、実は当たり前なんです。ほんとうに結婚すると決意した人しかいないからです。

だから、入会前のカウンセリングにとても時間をかけます。

「わたしは結婚します！」と本心で決めたら、もう9割は結婚できたようなものだからです。

決断が9割です。

決断したら、ちゃんと言葉に発して宣言することが大事です。

周りにも「わたし、結婚する！」とか「わたし、彼氏つくる！」「彼氏と付き合う！」と宣言してもらいます。なぜそうするかと言うと、決めた未来（＝ゴール）は、ただの言葉ではないということ。口の筋肉も動かして、ちゃんと感情を言葉に乗せて、その響きを自分の耳を通して聞くことで、脳の記憶の深いところに入り込みやすくなるんです。

1分 **WORK**

黒予祝で出てきた思い込みを「それってほんとう？　ほんとうにほんとう？　例外はない？」と疑ってみよう。

［例］「結婚したら、相手の親と付き合うのが大変って、ほんとう？　ほんとうにほん

郵便はがき

料金受取人払郵便

牛込局承認

2000

差出有効期限
令和4年5月
31日まで

162-8790

東京都新宿区揚場町2-18
白宝ビル5F

フォレスト出版株式会社
愛読者カード係

フリガナ お名前	年齢　　　歳 性別（ 男・女 ）	
ご住所　〒 ☎　（　　）　FAX　（　　）		
ご職業	役職	
ご勤務先または学校名		
Eメールアドレス メールによる新刊案内をお送り致します。ご希望されない場合は空欄のままで結構です。		

フォレスト出版の情報はhttp://www.forestpub.co.jpまで!

フォレスト出版　愛読者カード

ご購読ありがとうございます。今後の出版物の資料とさせていただきますので、下記の設問にお答えください。ご協力をお願い申し上げます。

●ご購入図書名　「　　　　　　　　　　　　」

●お買い上げ書店名「　　　　　　　　　　」書店

●お買い求めの動機は?

1. 著者が好きだから　　2. タイトルが気に入って
3. 装丁がよかったから　　4. 人にすすめられて
5. 新聞・雑誌の広告で(掲載誌誌名　　　　　　)
6. その他(　　　　　　)

●ご購読されている新聞・雑誌・Webサイトは?

(　　　　　　)

●よく利用するSNSは?(複数回答可)

□Facebook　□Twitter　□LINE　□その他(　　　　)

●お読みになりたい著者、テーマ等を具体的にお聞かせください。

(　　　　　　)

●本書についてのご意見・ご感想をお聞かせください。

●ご意見・ご感想をWebサイト・広告等に掲載させていただいてもよろしいでしょうか?

□YES　□NO　□匿名であればYES

とう？　例外はない？」（尊敬できる家族が増えることもあるよね。子育ても協力してくれるかもだし）

［例］「子どもができたら、これまでの自由な暮らしが失われるって、ほんとう？　ほんとうにほんとう？　例外はない？」（一緒に遊園地に行ったり、子どもがいるからこそ、できることもあるな）

［例］「独りのほうが気ままに生きられてラクってほんとう？　ほんとうにほんとう？　例外はない？」（心の安定感が増える分、２人の関係次第では、さらに気ままに生きられるかも）

［例］「結婚したら、自分のお金を自由に使えなくなるってほんとう？　ほんとうにほんとう？　例外はない？」（そういえば、旦那がたくさん稼いで、より自由にできるお金が増えたって人もいたな）

結婚はゴールではない。結婚のほんとうの目的は……

黒予祝と白予祝をして、自分の本心と真正面から向き合ったら真の決断ができます。そして、真の決断ができたら次はどうするか？

通常の結婚相談所であれば、入会したらすぐに相手を選んでもらうステップに入るんですが、わたしのところではそうしません。その前に、結婚に適した素敵な女の子に変わってもらいます。

なぜなら、わたしはゴールを結婚においていないからです。

あくまでも結婚はスタート。

クライアントがパートナーを探し、出会い、結ばれる過程を通して、「幸せになってもらうこと」をゴールにしています。

だから、「幸せになってもらう」というゴールから逆回転させてカウンセリングを進めていきます。できるだけ遠い、人生トータルのゴールを目指したほうが、その前の壁は通過点になり突破しやすくなるんです。婚約するまでをゴールにしてしまうと、マリッジブルーになったり、結婚式が終わってから燃え尽き症候群になってしまいます。ダイエットでいったら、短期間集中するとリバウンドするみたいに、結婚はゴールではなく、その先の幸せな暮らしまでをゴールにして白予祝をします。

結婚すると決めたら、まずやってもらうのは、白予祝のイメージどおりの洋服とかメイクをしてもらって、絶対に結婚が決まると言われる写真館で、もう結婚したんだと思ってニッコリ写真を撮ってもらいます。幸せな表情で、いつも着ていないピンクの洋服とか真っ白いドレスで撮ります。それも本当に結婚できたと思って撮ってもらいます。

いまできる白予祝を行動に移していくことを優先することで、理想の自分の雰囲気に徐々に変わっていってもらうんです。

具体的なカウンセリングではどんなことを聞いているかというと、たとえば、白予祝のカウンセリングで「パートナーにしてほしいこと、また、あなたがしてあげたいこと」を聞くわけですが、相手にしてほしいことばっかり言う人も多いわけです。

相手に望むばかりで、自分は何かしてあげたいという発想がない。そういう人って幸せになれると思います？

そもそもモテないですよね。

クライアントさんに幸せになってもらうのがゴールですから、そういうところにも気づいてもらい、これまでの考え方の歪《ゆが》みを修正していきます。

また、相手の条件、相手に譲れないものを聞くと、ウワーッとたくさん言う人もいます。100個ぐらい出る人もいるんですね。そんな人、どこを探してもいないんです（笑）。

そこで「絶対に譲れないことは何?」と聞いて、「自分の幸せのカタチ」に1つひとつ自分で気づいていってもらいます。

絶対に譲れないことは……「親に対してすごい粗末な扱いをする人はイヤだ」とわかったら、そこはもう譲らないでおこうとか……。

あと、お金持ちがいいっていう人がたくさんいますから、そのときもまず現実を直視するところから入ります。

「年収が1500万円くらいある人がいい」と言ってきたら、日本の社会構造として1500万円の年収の人はどれくらいいるのか、目の前でスマホで検索して調べてもらいます。すると、3%以下なんですよ。

「1000人いたら、その3%だけどいける？　あなたが年収を選ぶように、そうした男性たちも選びたい放題だけどいける？　相手はいくらでも結婚してほしいっていう女性がいるなか、40歳のあなたを選ばないといけないから、そこをがんばれる何かプラスなものがある？」と現実を直視してもらいます。

そうして、自分の立ち位置や状況や全体の状況にリアルに気づいてもらいます。車のカーナビが、「目的地」だけを入れてもたどり着けないように、ちゃんと「現在地」を認識させてあげることも大事なんです。ありのままの現状の自分を認識をしたうえで、さあ、どうするかですから。スポーツでも、自分の短所をちゃんとわかっていれば、それに合わせた戦術をとれるのです。

「彼を知り己を知れば百戦殆《あやう》からず」。孫子の格言どおりです。

さらに、お金持ちの人と結婚したいという人には必ず、ゴール設定をするときに「お金持ちになった先のゴール」をイメージしてもらいます。

そして「いまのあなたは、相手の年収にこだわっているけど、年収が高くないといけない理由は何？」と聞きます。

そうすると、みんな「年収が高いと安心だからです」と言います。そこで、その先のゴール＝安心は何かに気づいてもらいます。

「安心するために、2人で貯金や使い方を話せるほうが、年収が高いだけよりはよくないかな？」

「……そうですね。たしかに年収だけではないですね」

と、結婚はお金がすべてではないということを知ってもらうんですね。

相手の年収ばかり気にしている人って、出会いの幅が小さくなりチャンスもつかみにくくなるんです。お見合いでも、ここがグラッとしていると、「俺、年収だけじゃん」と相手から敬遠されしまうんです。

だから、あなたが何を望んで、その先、彼と何をしたいからお金持ちの人と結婚したいのか、やっぱり常にゴールからの逆回転、その先の未来から考えるんです。

妻と焼き肉を食べに行ったとき。お会計の金額を見て思わず「うわっ、高い！」と言ってしまったことがあるんです。すると妻に、「器、小さっ！　もう2度とあんたと焼肉行きたくない！」と言われてしまったその日、僕はひそかに誓いました。年収高い男になろうと（笑）。
完全なおまけトークでした（笑）。

安心して不安になっていい理由

最悪を一度、想定してみる（黒予祝）というのが、いかに大事かわかっていただけたと思います。

たとえば、わかりやすくするために、戦争の例を挙げるならば、ある作戦を立てたとして、まず偵察隊が必ず先に行くわけですが、そのときの偵察隊は、部隊で一番ネガティブな人がいいんだそうです。なぜなら、ポジティブな人だったら、**「隊長、向こうはたいしたことないっす。余裕、余裕。大丈夫っす。行っちゃいましょう」**と、気楽にポジティブに乗り込んでみたら、即全滅なんてこともあるからです。

会社だってそうです。ネガティブ思考は悪いからポジティブ思考でいこうということで、現実をきちんと見ないで「それ、行けー」となったら危険です。ネガティブ思考もポジティブ思考もどちらも大切で、要は使い方なんです。

未来からの逆回転は、まず最悪の未来も直視してから向き合うことが大切。最悪と向き合ってから、今度は最高を描くんです。

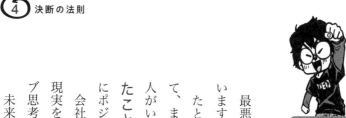

すると、真の決断ができます。

黒予祝せずに、ちゃんと決断できずに目標に向かってしまうと、あとから不平や不満が出てきちゃうのです。マキさんの結婚相談所が9割の成婚率を誇るのも、恐怖の「黒予祝」(笑)をしっかりやっているからです。

最悪を想像すると、そうなってしまうのではないかと恐れる人もいるかもしれませんが、ご安心ください。

最悪を想定することで、「そうはなりたくない!」「その未来は選びたくない!」という思いが潜在意識下で働き、逆に、ほんとうに実現したい未来に向かう決断ができるのです。

そして、決断が未来を決める9割なんです。

いっぽう、白予祝をイメージすることで、それを引き寄せるのは、その実現を心から願うからです。

日本に整体の道を切り拓いた野口晴哉《はるちか》さんの例があります。野口さんの生徒さんから「姑がいじわるするので、整体の勉強に行けない」と相談されたときの野口晴哉さんの答えはこうです。

「ほんとうに行く気があるなら、姑のせいにしないで、先ず〝行く〟と心に決めなさい、事態は自然に拓《ひら》ける」

真に決断したら、姑さんがなぜか機嫌よく出してくれるようになったとか。

やっぱり、決めるが9割なんです。

ネガティブなことを味わうと、それを引き寄せるのではないかと表層意識では恐れるかもしれませんが、潜在意識では「その未来は選びたくない。そうはなりたくない！」と決断することにつながります。表層意識と潜在意識、戦ったら必ず潜在意識が勝ちますから、安心してネガティブを味わって不安になって大丈夫です！（笑）

だから、受験生だったら、一度、受験で落ちたことを想像して泣くほど悔しがってみるのもいいんです。スポーツチームだったら、優勝できずに悔しい思いを想像して先に味わって、そのとき、家族がどういう反応をしたかも話し合ってもらう。優勝できなかった悔しさをチーム全員みんなで一度、先に味わってみるんです。

すると、「この未来を選ばない！」という断固たる決意ができるんです。

時空研究家のケルマデックさんは、予祝というのは望む未来（パラレルワールド）を選ぶ1つの素晴らしい手法で、「予祝」の効果をさらに高めるのに「予防」も必要だというのです。最悪の未来を一度想像してみることで、その未来は選ばないという「予防」になるのだとか。「黒予祝」はまさに「予防」なのです。

「白予祝」と「黒予祝」で「予祝」と「予防」になるのです。

そして、イヤだという思いも、実は、自分の望みを知る手がかりにできるんです。イヤだって体験があるからこそ、「こうしたい！」という望みが生まれてくるからです。

イヤな経験は、自分の望みを明確にするためのものだって考えてみてください。

自分の気分が良くないことがあったとしたら「じゃあ、ほんとうはどうだったらうれしいかな？どうしたいのかな？」と自分に問いかけてみる。すると、自分の本心からの望みが浮かび上がってくるんです。

これからは、イヤな思いが出てきたら、

「ってことは？」

と自分に問いかけてみてください。

「ってことは、ほんとうはこうしたいんだ！」って、あなたの望みが浮き彫りになります。

「そのイヤな思いの背後にどんな望みがあるのか？」と、自分の望みにフォーカスしてみてください。イヤなことがあればあるほど、「こうしてほしい」「こうしたい」という自分の望みを知れるのです。そして、自分のことを知れば知るほど、自分を幸せにしてあげる未来を選ぶことができるようになります。

いいことがあったら、人は幸せになれます。
そしてイヤなことがあったら、さらに幸せになるヒントをもらえるんです。
そのことがわかれば、どんなことが起きたって、
最悪、幸せになっちゃうだけなんです（笑）。

いやぁ～、黒予祝大切ですね。僕は性格的にポジティブに傾いているんですが、僕の右腕や部下が、しっかり最悪も想定してやってくれていたことにもあらためて気づきましたね。組織の場合は1人で全部を担うのは難しいから、ポジティブな考えの人、ネガティブな考えの人、それぞれ適材適所、その両方を活かす視点が大切なのだと思います。

「黒予祝」と「白予祝」マンダラシート

WORK

ルール ▶ 質問には直感で、5秒以内で答えてくださいね！

《 結婚したい人向け 黒 予祝マンダラシート 》

❻結婚しないと、最後にどうなると思う？	❸結婚しなかったら何を得られる？	❼結婚しない場合の最悪のラストシーンは？
❷結婚しないために何をやり続けてる？	《問題》 結婚の黒予祝	❹結婚しないと何を守れる？
❺結婚しないと何と言われる？	❶結婚したら何がストレス？	❽結婚しないことによって起こる最悪のリスクは？

《結婚したい人向け㊐予祝マンダラシート》

❻結婚したらどんな学びが得られる？	❸結婚したら２人で最初にやってみたいことは？	❼素敵な結婚ができたらどんな自分になっている？
❷結婚したらどんないいことが起きそう？	《問題》 結婚の白予祝	❹結婚に対してうれしく思っていることは？
❺あなたにとって結婚とは何を意味してる？	❶結婚したら誰がどんなふうに喜んでる？	❽結婚するための最初の一歩は？

《 夢を叶えたい人向け㊚黒予祝マンダラシート 》

❻家庭面、パートナーとの関係はどんな問題が起きそう？	❸周りの人からは、どんなことを言われそう？	❼変われなかった自分をどう思う？
❷誰が悲しむ？ 人間関係は最悪どうなる？	**《 問 題 》** この先、夢を叶えるための行動を何もしなかった場合に起こる、最悪の状況をイメージして質問に答えてください	❹経済面は、どんなマイナス状態になる？
❺仕事面はどんな最悪な事態になりそう？	❶この先、行動を変えずに夢を叶えなかったら、どんな最悪な事態が想定されそう？	❽最終的に、どんなひどい気持ちになりそう？どんな後悔しそう？

《 夢を叶えたい人向け（白）予祝マンダラシート 》

❻どんな自分になれた？	❸なぜ喜んでくれたと思う？	❼夢を叶えて得たものは何？
❷誰が喜んでくれた？なかでも一番喜んでくれたのは？	《 問 題 》 夢が叶った、最高の状態をイメージして質問に答えてください	❹成長したことは何？
❺人間関係はどのように良くなった？	❶どんな気持ちになっている？	❽夢を叶えた自分から、いまの自分へのメッセージは？

Act 5

モテの法則

予祝が叶いやすくなる！

「ゴキゲン道のススメ」

潜在意識の扉を開ける秘訣はゴキゲン！

さて、ここまでの流れで、「逆回転の法則」のステップをまとめます。

❶不安ベースではなく、ときめく未来のゴール（ヴィジョン）を描く。
❷その未来に向かう決断、決意をする（黒予祝と白予祝）。
❸感情を喜びで満たす（白予祝）。

車にたとえるなら、

❶未来のヴィジョンを描くことは、ときめく行き先を定めること。
❷決断・決意はエンジンをかけること。
❸喜びの感情を満たし続けることは、ガソリンを注ぐこと。

この3つで、車は目的地に到着するまで走り続けることができるわけです。白予祝はガソリンなので時々補充し（予祝し）、喜びという感情で日々満たしてあげることが大事だということもわかります。

そしてAct5。この章では、心をゴキゲンに保つ方法をまとめています。

車でのドライブにたとえるならば、行き先を決めた、車のスイッチも入れた、ガソリンも入ってる。ここまできましたが、快適なドライブにもう1つ欠かせないものがあります。

それは運転手の気分です。

いい気分で運転してこそ快適なドライブになりますよね？

恋も仕事も夢も、人生がうまくいく方程式はすごくシンプルで、『前祝いの法則』では、こう定義させていただきました。

「結果」＝「心」（どんな気持ちで）×「行動」（何をするか）

（ビジネスで言うなら「売上」＝「想い」×「仕組み」になります）

こう言い換えてもいいです。

「結果」＝「気分」×「やり方」

ゴールから、逆回転させるのは、「いまの気分」を良くするためでもあったのです。

人はやり方ばかりにとらわれます。学校でも、やり方しか教えてくれません。でも、この方程式を見たら、もっと大事なのは「気分」だということがわかったはずです。気分がマイナスだったら、どんなにいろんなやり方を試しても結果はマイナスだからです。

たとえば、感謝の気持ちを人に伝えることは大切ですよね。でも、すっごい不機嫌そうに「ありがとう」と言ったら、伝わるのは感謝ではなく、不機嫌です。

実は、夢（予祝）が叶うかどうかは、「気分」が密接に関わっているのです。

気分がいいということは、心が安定していることであり、リラックスできていることでもあります。

深くリラックスできているときは、潜在意識の扉が開いている状態です。すると、あなたの未来のヴィジョン（図の★）**がストンと潜在意識に落ちるのです。するとその願いが叶い始めます。**

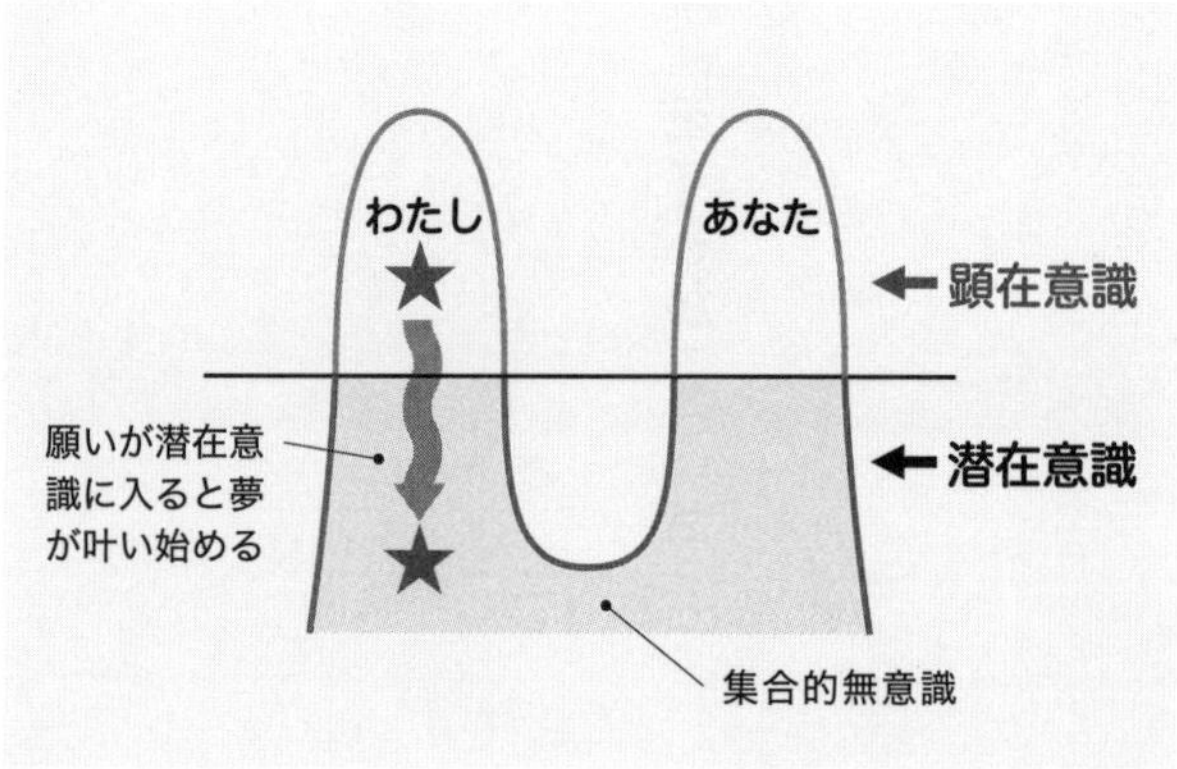
わたし
あなた
顕在意識
潜在意識
願いが潜在意識に入ると夢が叶い始める
集合的無意識

潜在意識の奥深くでは、みながつながっており、心理学者のユングはその領域を「集合的無意識」と表現しました。願いが集合的無意識まで届くとシンクロニシティ（意味ある偶然の一致）がどんどん起きて、必要なことが向こうからやってき始めます。

ゴキゲンであるとき、リラックスしてるとき、自分に素直なとき、誰かを愛しているとき、感謝しているとき、笑っているとき、夜寝る前、心が深く静まっているとき、あなたの潜在意識の扉が開いています。

そのときに、あなたの未来のゴール（ヴィジョン）が、予祝で潜在意識にストンと届くのです。すると、その予祝はどんどん開花していくわけです。

予祝は、先に喜び祝うことですから、気分を良くする効果もすごくあるわけですが、このAct5では、さらに積極に気分を上げる方法、考え方をお伝えさせていただきます。

さあ、潜在意識の扉がこれから開きます。

Oshima

「いろんな合コンに出たけど、こんなに楽しい合コン初めて！」

気分が良ければ、すべてうまくいく！

そのことに最初に気づいたのは、合コンです！

僕が大学生だったときのことですよ（笑）。大学のとき、僕らは仲間でよく合コンをしていたんですが、あることを意識してからすごくうまくいくようになったのです。それが「楽しむこと」。

いかに自ら楽しみ、相手を喜ばせるか。
合コン前に男子全員集まって、
僕らミーティングをしていたんです（笑）。

それをするようになってから、合コンがものすごく盛り上がるようになったんです。

男同士で合コン前に、**「ワクワクミーティング」**をやっていたんです。

まず、「今日の合コン、どんなふうになったら最高か」っていうことをみんなでミーティングします、真面目にですよ(笑)。僕らはみんなで楽しみたいから、まず1次会はツーショットなしってルールに決めていました。1次会はみんなで純粋に、いかに女性たちに楽しんでもらうかに徹しようって。僕らが目指したゴールは、女性たちにこう言ってもらうことでした。

「いろんな合コンに出たけど、こんなに楽しい合コン初めて!」

やっぱり、当時からゴールから逆算していました。そのゴールから逆算して僕ら、めちゃめちゃ真面目にミーティングしていたんです(笑)。

そのためのチーム戦なんですよ。役割決めて。個人戦なしで、みんなでとにかく楽しむぞっていう。

そのゴールから逆算して、そこにいくためのいろんなゲームを考えました。お互いがお互いのことを楽しく知り合えるようなゲームを考えたんです。

たとえば「好きなタイプ」とか1つの質問にみんなが面白く答えていくとか、女性に質問してもらうとか、最初のデートのときにどんなデートをするか男子が答えていくタイムとか、そういうのを1対1でしゃべらず全員でやります。

とにかく1次会は、みんなで楽しく盛り上がるのがゴール。

デートも合コンも、みんなの気分がいい場をつくれば、あとは勝手にうまくいくんです。

そして当時から僕は、デートも合コンも、楽しんでいるゴールの姿を最初にイメージしていました。アホみたいに1人で喜んでイメージしていました。

そして、そのイメージを僕の場合は、さらに友達に話すんです。すると、イメージがふくらみ臨場感が出てくるし、喜びも増幅します。

今日はこんな感じな1日になってヤッターみたいな。で、いいイメージができたら、「じゃあ行ってくるわ」と。思えば、大学の頃から予祝をしていたんですね、僕は無意識にも。気分が上がるほうがうまくいくっていうのは、大学時代に体験のなかからはっきり感じていました。

モテ（魅力）の本質は、どれだけその人の気分がご機嫌なのかに尽きると思います。

要は楽しんでいるかどうかです。運を良くする秘訣も全部一緒です。

今日1日を喜んで生きることに尽きます。

なぜゴールから逆回転させると何もかもうまくいくのか？
ゴールから逆算したほうが、ときめくからです。
たとえば、富士山登山。一歩一歩大変だなと思って登るのと、頂上からの眺めはさぞ美しいだろうなと頂上の景色を想像してワクワクした気持ちで登っていくのとでは疲れ方も違います。合コンだって、なんとなくやる合コンと、「こんな楽しい合コン初めて！」と言ってもらえるゴールに向けた合コンとでは、出てくるアイデアもまったく別次元になるんです。

何より、ゴールから逆算したほうが気分が良くなるんです。

夫婦間も、人間関係も、気分が悪いとうまくいかないし、気分がいいとうまくいく。全部一緒です。

僕が居酒屋「てっぺん」をつくって朝礼を始めたのもその気づきからです。営業前に朝礼をやって、気分を最高にしてから現場に挑もうと。目標を口に出したほうが気分も上がるので、朝礼ではスタッフ1人ひとりになりたい姿を宣言させて気分を盛り上げているのです。
僕らのその独自の公開朝礼はテレビやメディアでも多数取り上げられ、海外からも多くの人が見学に来てくれるようになりました。修学旅行生も立ち寄ってくれたり、いまや毎年1万人が見学に訪れるまでになりました。

僕が講演中に必ずみんなにしてもらう「本気のジャンケン」もそうです。2人1組でジャンケンしてもらい、勝っても負けても思い切り声を出してガッツポーズして100%喜んでもらう。これも喜ぶ練習なんです。

僕のこの「本気のジャンケン」は、人間の脳にある情動をつかさどる「扁桃体《へんとうたい》」が変わるということを、能力開発の第一人者・西田文郎先生が解説してくれたことがありました。

犬にも猫にも扁桃体があります。たとえば、犬が嫌いな人が犬に近づくと吠《ほ》えられたりしますよね。あれは、人間が不快を感じている

ことが犬の扁桃体にも伝わるようになっているから吠えられるんです。

でも「本気のジャンケン」をすると、扁桃体が「快」に変わるんだそうです。だから、気分を良くすることですごくモテるようになるんだと言われたんですよ。男性でも女性でも。

僕の友人が合コン前に男子で集まって「本気のジャンケン」をして扁桃体を「快」にしてから行ったら、合コンで出会った瞬間に「ここの男性陣はみんなすごい、エネルギーがあってキラキラしてる」と女性陣たちに思われたそうです。扁桃体を「快」に変えるとすごい印象が変わるんです。要は気分を上げるってことです。

印象を良くするって、自分の機嫌を良くしておくことなんです。

恋も結婚も仕事もすべて喜びがベースだよってことです。

実は、気分を良くしておくと、いい人と出会える「出会いの3角形の法則」なるものがあるんです。

3角形の底辺の左端が「私」であり、右端が未来の「恋人」の位置だと思ってください。底辺では恋人との距離は遠いんです。でも、自分の気分を上げていけばいくほど、「恋人」の位置が近づいてくることがわかりますよね？

さらに、気分を上げると、あなたと同じように気分がいい人（運命の恋人）と引き合うんです。自分が不機嫌だと、同じように不機嫌なレベルの人と引き合います。

気分＝魅力と考えてもいい。気分がいいと魅力が上がるということですから、当然、出会い運は高まるのです。

気分上げていこう！

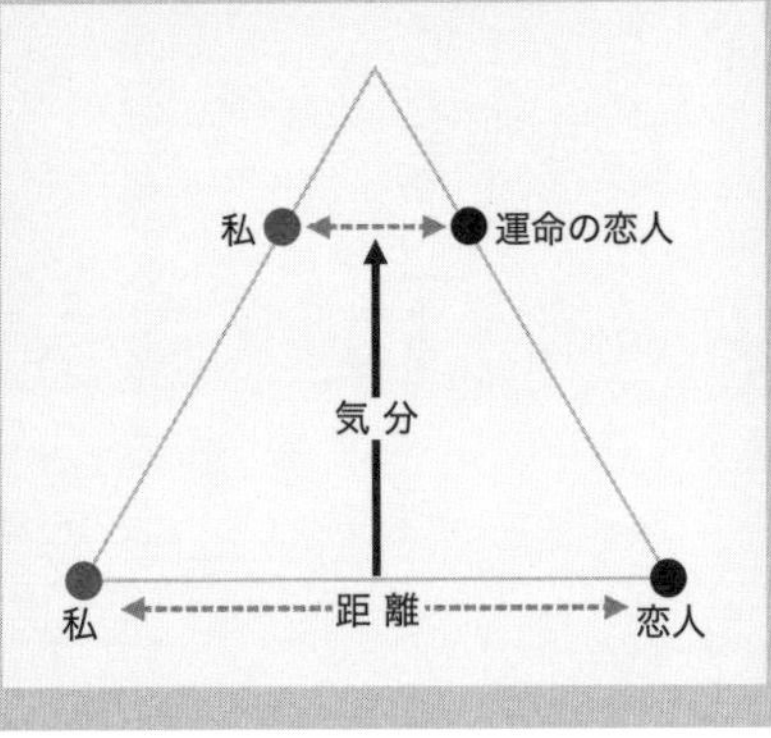

コロナ禍の影響で打ち合わせもオンラインが増えました。メールやズームで済ませることが増えて、リアルに会うことが貴重になってきました。そんな

なかでも、「リアルに会いたい！」と思ってもらえる人はどんな人でしょう？

ズバリ、会うと元気が出る人です。

では、会うと元気が出る人ってどういう人かというと、大嶋さんが言うとおり、機嫌がいい人です。わたしも、モテる本質は、どれだけその人の気分がご機嫌かだと思っています。

機嫌がいい人って、パーッと場を明るくするエネルギーに満ちています。

要は生きていること自体を楽しんでいるかどうかです。運を良くする秘訣も全部一緒ですよね。

「こんな人とは一緒にいたくない」というアンケートで1位だったのは、「不機嫌な人」でした。つまり、みんな機嫌のいい人と一緒にいたいんです。

「どーせ最後はうまくいく」の法則

家に引きこもって学校へ行かないという子どもがいると、僕は必ずこう言います。

「お母さん、大丈夫です！」と。

「お母さんの心配や不安が子どもに出ているだけで、お子さん、どうせ1年後には学校に行ってますから、お母さん安心してください」

僕はそう言っちゃうんです。

「行っても行かなくても、その子にとってすべてベストだと思って、とにかくお母さんが気分を上げて、家庭を明るくして、お母さんがニコニコ笑っていたらすべてうまくいきます」と。

で、ほんとう、そのとおりになります。

先日も、報告に来てくれたお母さんがいました。

「大嶋さんにアドバイスをしてもらって、それだけを1年間がんばったら、いま、子どもは学校に行っているんです。わたしが明るくしてるだけで、ほんとうにすべてが変わりました」

そう言って、泣きながら報告してくれました。

また、すごいネガティブな友人が片思いをしていて「どうしたらいいか」と、よく連絡がきていたことがあったんです。そのときも僕が伝えていたのは、「大丈夫」ってことだけです。彼の気分が良くなれば、恋も仕事もすべてうまく回り始めるってわかっているからです。

なので、彼がどんなに落ち込んでいようが僕が、伝えたことは一緒です。

「それでも大丈夫だって。7月にはうまくいくから」

「仮にうまくいかなかったら、どうすればいいでしょう?」

「いまうまくいかなくても大丈夫だよ。逆にいま、うまくいかないほうが面白いよ。だって、いきなりうまくいきましたじゃ、早すぎで面白くないもん。どーせ最後はうまくいくんだから、しばらくダメのほうが、のちのちよかったってなるから絶対大丈夫」

「うまくいきますかね?」

「うん。大丈夫。逆にいまはうまくいかなくていいくらいだよ。どーせうまくいくよ。大丈夫!」

何度もそう伝えました。そして、やっぱり彼はちゃんとうまくいって、片思いの人とお付き合いすることに成功しました。

「最後はすべてうまくいく」最初にそう決めてしまえばいいんです。

それが「どーせ最後はうまくいく」の法則です。

気分良く生きていれば、本当にすべてうまくいきます。とにかく、自分が「幸せだなぁ〜」という時間をつくることです。

僕の周りにはたくさんの経営者がいますが、できる経営者ほど自分の気分を上げることを大切にしています。

僕らの経営者仲間はめっちゃ温泉行くんですよ。仲間と温泉に行って「最高に幸せだな〜」って感じながら温泉に浸かります。そういう時間をつくることで、意識が解放されていい未来を描けるんです。アイデアも湧き上がるように出てきます。

「心」（エネルギー）×「行動」＝「結果」だってことなんです。

気分を上げるって心のエネルギーを上げることなんです。

どーせ最後はうまくいく。だから大丈夫！

大丈夫に根拠などいらないのだぁ――――!!!
大丈夫だ――――♪

1分 WORK

「最後はすべてうまくいく」と最初に決めてしまおう。

Oshima

なぜ人は不機嫌なのか？

いま、不機嫌な人って多いですよね？
なぜ、みんな気分良く過ごせないんだと思います？
理由があるんです。

「気分が大切だ」って思ってないからなんです。

気分がパフォーマンスに大きく影響しているって知らないだけなんです。だから気分を良くすることが人生の優先順位のベスト5にも入ってないので、気分を良くしようと努力してないんです。

気分良く過ごすことを優先順位の1位にすれば、みんな簡単に気分が良くなり始めます。たとえば「散らかってる部屋を片付けられない」という人も、片付けたら1億円あげますと言われたら、すぐに部屋はきれいになるはずです（笑）。すぐに部屋を片付けることが優先順位の1位になるからです。

また、1カ月で3キロ痩せる目標を掲げても、多くの人は失敗しますよね。「痩せたい」が優先順位の1位になっていないからです。でも、1カ月で3キロ痩せたら「絶対に彼氏ができます」「絶対に結婚できます」と言われたら、100%みんなダイエットに成功するはずです。やっぱり優先順位が1位になるからです（笑）。

ご機嫌でいるほうが、人が集まり、みんなからも好かれるし、アイデアも出るし、効率も上がるし、いいことずくめなんです。でも、ご機嫌でいることがこれまでいかに大事かなんて、誰からも教わってきませんでした。**学校でも、国語・算数・理科・機嫌なんて授業はありませんし（笑）。**だから、ご機嫌に過ごすことの価値をわかっていないので、気分良くいることが人生の優先順位に上がってこないんです。でも、ご機嫌でいることの価値がわかれば、人は自然にそれを大事にします。

その証拠にあなたは財布や携帯電話を、レストランや公園に置き忘れてくることはほぼないはずです。お金と携帯電話は、とても価値を置いているので忘れないんです。気分良く過ごすことの価値をあなたが心から理解すれば、あなたの人生は今日から変わります。

気分がいいと、どれだけ人生にプラスになるか一度、ノートに書き出して真剣に考えてみるといいです。気分がいいことがいかに大切かがわかれば、優先順位が上がりますから、それで人生が激変します。

せっかくの機会ですから、気分を良くするための自分の「ご機嫌マイハッピーレシピ」（190ページ）をつくってみましょう。パートナーがいる人は、お互いのレシピを交換するといいですね。結婚して10年の人も相手の幸せレシピをほとんど知らないことのほうが多いですから、ぜひ一緒にこのワークをやってみてくださいね。

「どんな心で」×「何をするか」＝「未来」であると、未来をつくる方程式をなんどもお伝えしてきたとおりですが、携帯電話やインターネットのたとえで言うと「どんな心で」が「アンテナ」で、「何をするか」が「検索」だととらえていただくとわかりやすいです。

「未来」＝「どんな心で」（アンテナ）×「何をするか」（検索）

アンテナがまず圏内でないと検索できないように、不機嫌というのは、アンテナが圏外なのです。圏外では、つながりが絶たれてるので自力でなんとかしないといけませんが、気分がいいと宇宙Ｗｉ－Ｆｉにつながってるようなものなのです。

WORK

ご機嫌マイハッピーレシピ

あなたの気分を上げる「幸せのレシピ」を、❶〜❿を参考にして書き出してみよう。

❶ あなたにとって、会うと気分が上がる人、会うとパワーをもらえる人は誰ですか？
❷ 気分が上がる場所、環境は？ パワーがもらえるところはどこですか？
❸ パワーがもらえる活動は何ですか？
❹ 気分が上がる言葉、口グセにしたい、元気が出る言葉は何ですか？
❺ 気分が上がる習慣はありますか？ どんな習慣があると気分が上がりそうですか？
❻ 気分が上がる思い出は？
❼ 持っていると気分が上がるアイテムは？ （大嶋の場合は子どもの写真で、講演会は子どもの写真を見える位置に置いて講演しています）
❽ 気分が上がる食べものは？
❾ 気分が上がるレストランは？
❿ 気分が上がる音楽は？

この「ご機嫌マイハッピーレシピ」をパートナーと交換して、お互いに気分の上げあいっこをするのもいいですね。

ご機嫌マイハッピーレシピ

❶

❷

❸

❹

❺

❻

❼

❽

❾

❿

Shiratori

2人で気分を良くする最高の方法

気分を良くする方法は、意外とみんなバラバラだったりしますよね。忙しくやっているのが気分がいい人もいるし、1人で部屋で過ごすのが気分がいいとか1人ひとり違う。

そこで、お互いの気分が上がるレシピを交換するといいわけです。

恋愛には相手が付きものですから、自分の気分が上がることと、相手の気分が上がることを掛け合わせて、2人の気分が一緒に上がるレシピもつくっていく。たとえば、大嶋さんは「阪神タイガース」が大好き、わたしはビールが好きなので、「阪神タイガースを応援しに行ってビールを飲む」と、2人一緒に気分が上がる時間になります。

「My Happy × Your Happy」

自分の喜びと、相手の喜びをミックスさせた予祝をしていくという発想を持ってみてください。すると、掛け算的に気分も良くなります。

また、大事なことを考えたりするときは、気分を上げたときにするのがいいです。とりあえず気分がいいときに、メールを打つとか電話をするとか。

わたしの場合は「気持ちがザラザラする」という表現を使うんですが、気持ちがザラザラのときに、恋愛の予祝をしてもあまりうまくいきません。

まずは気分を良くする。気持ちを上げてそして環境を変える。気分が良くなるなら、行きつけのカフェでもいいから、環境を変えて大事な企画を考えたりメールをしたりします。環境を変えたほうが早い場合も多いのです。あれこれウジウジしてるなら、その状態で考えてもいい未来は描けません。たとえば、先に屋久島に行っちゃったりとか、どこかへ遊びに行っちゃう。そこで自然からパワーをもらうと、「こんなしょうもないことでイジイジしてたのか」と、悩んでいたことがバカらしくなったりします。

いい気分にして考えたほうが、いい未来もグッと描きやすくなるんです。

1分 WORK

あなたの喜びと、パートナーの喜びをミックスさせると、どんなことができますか？

Act 6

ゴールデン・モテテクニック

Shiratori

迷ったら、迷わずときめくほうへ

わたしは結婚相談所に来る人に、結婚できる人と手堅く結婚するのがいいのか、自分がムリだと思っているような、お金持ちやモテる男前がいいのか、どちらの未来が自分は楽しいのかを必ず聞きます。

どんなときも、楽しいほうにいったほうが長続きするからです。

楽しいか楽しくないか、ワクワクするかしないか、ときめくかときめかないかをずーっと突き詰めて、毎回質問していきます。

わたしの結婚相談所では、独特の質問のコツがあります。

心理学的には「メタモデル」という質問の仕方があるんです。

相手に対しては「なぜ?」という質問を使わない。

「なぜ?」という質問を相手に聞いてしまうと、人は頭のなかで「否定」されているように聞こえてしまい、言い訳を探しにいってしまうからです。

「なぜ結婚しないの?」「なぜいまなの?」と責められている、否定されているように聞こえてしまうので、「なぜ？」は禁句です。

逆に、「なぜ？」は相手を褒めるときに使うとベストなんです。

「なぜきれいなの？」「なぜそんなに仕事ができるの？」などです。

もともと「なぜ？」は、自分が自分に質問するときに使う言葉で、自分に対して「なぜ？」と質問を向けると、本心と出会えます。

「わたしはなぜ、結婚しないの？」
「わたしはなぜ、この人がいいの？」
「わたしはなぜ、この人が好きなの？」

と、自分との対話をしたいときには「なぜ？」は最高にいい質問となります。

逆に、他人に質問する言葉は「なぜ？」を除いた、「4W1H」を使います。

「いつ？（when？）」
「誰が？（who？）」
「どこで？（where？）」
「何が？（what？）」

「どのようにして？（Ｈｏｗ？）」

と聞くようにしています。


「それ、何が楽しい？」

「それ、何がワクワクする？」

「どうやってそこをねらうの？　その人の何がいいの？」

「じゃあ、そっちいこう」って。

わたしは「何が？」「どうやって」と執拗《しつよう》に聞きます（笑）。

「何が？」という問いをたくさん相手に向けてあげ、いろんな角度から本心と向き合ってもらうためです。

「視点」を変えるとは、「問い」を変えることなんです。

何のために問いを向けるのか？

自分の本心と出会うためです。

本心からしか情熱は生まれないからです。


たとえば、大学受験もそうです。本当は○○大学に行きたいのに、「そこはムリそうだから、ちょっと下でいい」とかすると、すべてがズレてきます。情熱が生まれないんです。

周りの目を取っ払って、自分のほんとうの本心、

「ほんとうはこうしたい！」って、心からときめくほうに進んだら、

宇宙は絶対味方してくれてうまくいくんです。

自分に嘘をつかないことです！

わたしは、こんな素晴らしい本をなぜ友達にもプレゼントしないのだろう？（笑）

1分 WORK

「わたしはなぜ、結婚しないの？」

「わたしはなぜ、この人がいいの？」

「わたしはなぜ、この人が好きなの？」

モテる人、モテない人の分かれ道

「恋人がなかなかできない」っていう人に、僕はよくこの質問をします。

恋人がいないという人は、たいがい、この質問に答えられないんです。

「あなたの恋人になると、どんなうれしさが待ってますか？」

「あなたの必殺技（得意技）は何ですか？」

どうですか？　あなたは答えられましたか？

ちなみに、ひすいさんに必殺技を聞いたら即答で答えが返ってきました。さすがです。ひすいさんの必殺技は、「誰よりも草もちを美味しそうに食べること」だそうです（笑）。ちなみにセブン-イレブンの草もちが大好きだとか。まあ、草もちのことはどうでもいい（笑）。

恋人がいない人は、恋人には「こんなことをしてほしい」「あんなことをしてほしい」と、してほしいことは10個すぐに言えても、「じゃあ、あなたはどのようにして恋人を喜ばせられますか？」と聞くと、なかなか出てこないんです。

「モテる」という現象を逆回転させてゴールから考えてみればわかるんですが、魅力があればモテるんです。

では、魅力とは？

「あなたが相手に対して、してあげられることは何か？」

それが魅力です。ここに尽きるんです。『人蕩《ひとたら》し術』（日本経営合理化協会出版局刊）という本のなかで、無能唱元さんは魅力の本質をこう言っています。

「魅は与によって生じ、求によって滅す」

与えることによって魅力というのは増していき、欲しい欲しいと求めれば求めるほど魅力がなくなっていくよ、ってことです。

「与える」ために日々準備しておく。

これは恋愛だけではなく仕事においてもすべてに共通するモテの極意ですね。

出会う人を笑顔にするために自分は何を与えられるだろうか、ここから逆回転させて、準備している人は圧倒的にモテるんです。

僕とひすいさんの共通の友達に、１５０万人のセールスパーソンのなかで、２年連続でセールス日本一になった、スーパー保険営業マンのしんちゃんがいます。しんちゃんに、「なぜ日本一になれたの？」と聞いたら、しんちゃんはこう言うんです。

「特別なことをやっていたわけではないんです。ただ、毎日、今日会う人を笑顔にしようと決めて、朝シャワーを浴びながら、今日会う人の笑顔をイメージしながら幸せな気持ちを感じているんです。シャワーを幸せのシャワーだと思って」と。

しびれました。毎日やっていたことは、今日会う人を笑顔にすること。どうすれば売れるかではなく、どうすれば笑顔になってもらえるか。そこだけを考えている。

だから、しんちゃんは超モテるんですね。オーラが出ていて、会った瞬間に大好きになっちゃう魅力がある。まさに、魅力の法則です。


あなたと付き合うと、どんな素晴らしい未来が待っているのか、あなたは相手をどうやって喜ばせることができるのか、常に準備しておくことです。

あなたと恋人になったら、どれだけ相手を幸せにできるかってことを具体的に10個書き出してみましょう。これこそ「恋愛予祝」です。

恋人ができたときに、こんなことをしたら喜ぶなって、恋人が喜んでいる姿を想像しながら書き出し、常日頃から準備しておくってすごく幸せなことですよ。

喜ばせると言っても、特別なことじゃなくて、逆にささいなことが良かったりします。

たとえば、

- いつも笑顔でいる
- 一緒に悩みを分かち合う
- ハグをする
- 話を聞いてあげる

僕はこんなちょっとしたことに幸せを感じます。

大嶋さん、草もち、なめたら足もとをすくわれますよ（笑）。

最近モテないのは、草もちのたたりだったんだ――!

愛のすれ違いが1分で解消！「ラブ5パスワード」

恋愛は、1人ではできないので相手が必ず存在します。つまり、自分の望むことと、相手の望むこと、そこをしっかりすり合わせたうえで、逆回転をかけるとうまくいくんですが、実は、わたしたちは相手が望むことを驚くほどにわかっていないんです。それがケンカが絶えず、パートナーシップがうまくいかない大きな原因になっています。

愛情を表現しているのにうまく相手に伝わらない、気持ちがすれ違ってしまってケンカになる。そんなことって多々ありますが、なぜ人はすれ違うのでしょうか？

結婚相談所でのさまざまなカウンセリングを通して、わたしはその原因を発見しました。なぜ相手に好きな気持ちが伝わらないのか、気持ちがすれ違ってしまうのか。理由はシンプル。

それは愛情表現の仕方がみんな違うからです。

クライアントの男性のKさんは、お見合いでR子さんと出会い、お付き合いをすることになりました。彼は、彼女に会いたいから一生懸命、R子さんにデートの約束をして、コミュニケーションを深めたいと思っていたのですが、なかなか相手は忙しいからと「会う」約束をしてくれない。

「交際をしているのになぜなんだ⁉　僕は忙しくても1秒でも彼女と会いたい気持ちがあるのに……」

彼はR子さんが、ほんとうは自分のことが好きでないのかもと思い悩んだ末、わたしに相談してきました。よくよく聞いてみると、彼女からこう言われていたそうなんです。

「わたしは会うのはどちらでもよくて、それよりもこまめにKさんから、好きだよとメールや電話をもらえるほうがうれしいの。会うよりも、言葉をかけてもらうほうが愛されてると安心感がある」

彼は「会わなくてもメールさえもらえれば平気」という彼女の気持ちに驚きました。なぜなら彼にとっては、会うことが一番大事な愛情表現であり、会うことが、好きな気持ちを計るものだと思っていたからです。

彼の最大の愛の表現は「会う」こと。でも、彼女にとっては、メールでこまめに連絡すること、すなわち「言葉をかけてもらうこと」が一番、愛を感じる表現だったのです。このカップルはお互いに好きなのに、愛の表現方法が違うので、ストレスが生じ、うまくいかない現象が起こっていました。でも、逆を言えば、そこが最初にわかっていれば、相手とのコミュニケーションがめちゃめちゃ楽になるのです。

結婚相談所での1万2000人以上のカウンセリングを通して、「好きの表現の仕方」がたった5つしかないことがわかってきました。それが今回お伝えしたい「ラブ5パスワード」です。

相手の「好きの表現の優先順位」を知り、あなたの愛の表現を相手の幸せの形に合わせることで、相手があなたをグングン好きになる、すごい方法です。

「ラブ5パスワード」（「愛してる」の表現は5つあります）

《A➡会う》
《B➡言葉》
《C➡ギフト》
《D➡助ける》

《E↓スキンシップ》

人は好きだという表現の仕方にこの5つがあり、「優先順位」が、実は人によってまったく違うのです。これを頭に入れて、相手に伝える表現を変えると驚くほど関係がうまくいき始めます。

自分がされたいことと、相手がされたいことは違うんです。大切なのは相手が望む愛の表現を知ることなんです。

では、5つのそれぞれの特徴を挙げてみましょう（最後に付けた例は一例です。必ずしも絶対にそうだというわけではありません）。

《A↓会う》

リアルに会うことを何より大切にする。「一緒に相手と時間を共有したい」「2人で同じ行動をしたい」も入ります。メールよりも動画のズームで話をしたい、テレビ電話なども有効です。キーワードは「親密感」。

食事を共にしたり、旅行でも側《そば》にいたり、同じ釜の飯を食べるみたいに、このタイプの人は一緒に経験や時を過ごすのが大好き。自分のために時間を割く、会う回数、会う頻度、相手との過ごした時間の累積なども入ります。

このタイプはなるべく、何かにつけて会う回数を増やすトライをしてみると、愛を感じて大変喜んでくれます。

［例］・1人でいるより好きな人と一緒にずっといるほうが好き
・現地集合より、時間がかかっても合流して一緒に行きたい
・メールは毎日マメだけどあまり会えないより、毎日メールはこないけどたまに会えるほうがうれしい

《B⬇言葉》

言葉が一番のタイプは「自分を肯定してもらえる言葉を受ける」と自分のことが好きなんだと感じてくれます。言葉が一番のタイプには、長所を探して、その価値を認めてあげる。言葉にして伝えてあげることがベストです。「ちょっとやりすぎかな？」くらい褒めてあげることで好きが伝わります。1日1つ褒めてあげるだけで、相手にとってのダントツナンバーワンの存在になれます。

ラブレターなどの手紙や、プレゼントに添えるカードメッセージ、人伝《ひとづて》に「○○さんがあなたのことを褒めていたよ」という言葉や、励ましや相手への肯定感の入ったメール、朝の挨拶をこまめにしてみるとか、言葉の心温まるやり取りが大好きです。

［例］・電話よりも手書きの手紙がうれしい
・つらいときに何も言わずに抱きしめられるよりは、たくさんの励ましの言葉のほうがうれしい
・たまに会うより毎日メールをくれるほうが愛情を感じる

《C➡ギフト》

相手からのギフトで好きを受け取るタイプです。ギフトをもらうことによって、自分のことが特別だと感じるモチベーションやシンボルになるのです。プレゼントは値段ではなく、選ぶときにどれだけ手間暇かけて深く自分のことを考えてくれたかが大事な判断基準となります。

道端で花がきれいだったから摘んできたといったことでも感激してくれる人が多いです。ちょっとしたお手軽なお土産《みやげ》のキーホルダーでもいいんです。

1つでも「自分を思い出してわざわざ時間を割いてくれた」とわかるギフトや、自分のた

めに特別取り寄せてくれたといったものにすごい喜びを感じます。ギフトが一番の人は自分がギフトをあげるのも好き。毎回小さなギフトをくれる人はまさにギフトタイプ。このタイプには、値がはらなくてもいいので小さなギフトをしてみてください。

ちなみに白鳥の観察で、あげまんで男性を伸ばす女性のタイプはギフトが上位3位に入っている人が多いです。

男性は「相手の役に立ちたい」「守りたい」「大好きな人のスーパーマンやヒーローになりたい」という古来からの男性遺伝子があるので、ギフトを贈られると役に立ってるスイッチが入り、男性の運を上げると言われています。

［例］・記念日でもないけど、ささやかな小さなプレゼントを友達や知人に渡すことが多い
・言葉よりプレゼントをもらうほうが愛されていると感じる
・プレゼントの金額が多いほうが自分への愛情を感じる

《D➡助ける》

いつもは比較的ほっといても大丈夫なタイプ。でも、いざピンチのときにスーパーマンのようにあなたを神レベルで助けてくれることが好きになるポイント。好きを感じるポイント

が相手からの迅速なサービス行為なのです。サービス行為とはその人が相手にやってほしいと思うことを確実にやってあげることです。

さらに短期間にたくさん助けてあげると、大切にされていると感じます。

このタイプを助けるヒントは、日常の口グセにあります。

たとえば、パソコンが苦手で「息詰まったらすぐ助けてくれたらいいな〜」とか、「意地悪な上司にあれこれ言われて困っている」とか、助けてほしいヒントを日常で忍ばせています。100本のバラより、夜中の電話1本の助けのほうが、好きが伝わる速度や満足感が上がります。ポイントは困っているときにすぐに飛んで行くことです。

［例］・家電が壊れたと相談したら、すぐプロの業者に頼むより、一度、彼に「見に行くよ」と言われたほうが愛情を感じる

・プレゼントは金額より、自分を思って探してくれたもののほうがうれしい

・スキンシップよりも自分の話を聞いてくれるほうが好き

《E⬇スキンシップ》

スキンシップタイプは、好きな相手から、軽く腕を組まれたり、側にぐっと近づかれたり、頬をよせ合ったり、肉体的にスキンシップを頻繁に行うことが好きを感じるポイントです。

日常でも触れ合うことが好きです。

たとえば、握手や肩を軽くトントンしたり、手と手をつなぐや、話の途中で、握手やハイタッチも効果的になります。お店から車に戻る間に手をつないでみたり、体に触れてじゃれ合ったり、マッサージをしてあげたり、いろいろなスキンシップのパターンを身につけて表現すると相手も大切にされてるなと思ってくれます。

会話のなかで「抱きしめたいな」「腕組んで歩きたいな」「キスをしたい」など、相手と十分信頼と許可があるうえでですが、ちょっと体に触れる表現の言葉をかけるとうまくいきます。

［例］・好きな人に相談するときに目を見ながら話すより、どこか触れながら話すほうが落ち着く

・相手から手をつなぐより自分から手をつなぐのが好き

・食事をするとき、対面より横にひっついて座るほうが好き

以上、5つのパターンがあります。

とくに**A**から**C**までをしっかり押さえておけば恋愛におけるコミュニケーションのエラーがかなり減るんですよね。

いま好きな相手がいる場合、未来の恋愛、結婚を逆回転させてゴール設定をする場合、この「ラブ5パスワード」がわかっていることがとても大切になってきます。

これを踏まえると、

× 自分がされたい好きアピールをする
○ 相手がされたい好きアピールをする

モテる、モテないは、実は、ここで決まってしまうのです。

モテる人は相手が望むことを会話や行動を見ながらリサーチしているのです。

一生懸命、バラの花束や高価な指輪のギフトを贈るよりも、「近くまで来たから顔を見せに来たよ」と言って、カフェで30分会うほうがポイントが高いことってあるんです。

先日セミナーでこれを話したら、結婚歴20年カップルでも、奥さんは相手のことを完璧《かんぺき》にわかっていましたが、旦那さんが、まったく奥さんの順番がわからなかったので、お互いびっくりされていました。でもこの優先順位を話し合ってから、2人は気持ちの行き違いやケンカがなくなったそうです。

この5つのパスワード、先ほどの男性のクライアントのKさんの優先順位はこうでした。

「1位 会う **A**」「2位 スキンシップ **E**」「3位 助ける **D**」「4位 言葉 **B**」「5位 ギフト **C**」

Kさんの「ラブ5パスワード」は「**AEDBC**」。金庫の暗証番号みたいに「**AEDBC**」を押さないと、好きというラブキャッシュが出てこないんです。

5つの順番のなかで、相手の「ベスト3」をわかっていれば相手の好きをスムーズに引き出せることになります。Kさんの場合は、「会う」ことが1番の愛の表現になるので、会う回数や時間などが重要だったのです。

また、2番目が、手をつないだりのスキンシップでした。いっぽう、彼女のR子さんの1番は「言葉」だったので、言葉がけに優先順位が低いKさんとは、すれ違いが起きていたのです。R子さんに「わたしのことを好きじゃない」と勘違いさせてしまったのは、言葉がけがないのが問題だったんです。

ちなみに、このあとにやっていただく「ラブ5パスワード」の1分WORKを、KさんとR子さんにしてもらってお互いのズレがわかったら、お2人はみごとに3カ月後にゴールインしました。

わぁ、これはかなり勉強になりますね。僕は「DEABC」ですかね。さっそく妻にも聞いてみたいと思います。
最近、チューしようとしてもイヤがられるのは「E」が低いのかなー。
あっ、僕のゲップが原因だーー。

間違いなくゲップが原因でしょうね(笑)。ちなみに僕の「ラブ5パスワード」は「BAEDC」で、実はギフトって、すごく比重が低いんです。プレゼントより「大好き」と言われたほうが全然うれしい。こういうタイプにプレゼントを贈るとムダになりますよね（笑）。

さて、このマキさんの「ラブ5パスワード」の話、これだけで10万円以上の価値があると僕は思っています。だって、ここがわかればすれ違いの原因を断てるんです。

あるご夫婦が起業して一緒にお店をすることになりました。お店を立ち上げたばかりなので当然、お客さんもまだ少なく、これからどうしていこうか悩まれていました。たまたま僕は、そんなご夫婦の間に入って話を聞かせてもらっていたんですね。

ご主人の思いをまず聞いてみたら、とにかく奥様を幸せにしたいと言うのです。

そのため、奥様に余計な心配をさせないために、売上のことを奥様に相談せず、なんとか自分1人で解決しようとがんばっていたのだとか。でも、奥様からすると、そんなことだったら、「早く相談してほしかった」と言うのです。

ご主人の愛のカタチは、「妻に余計な心配をかけない＝相談しない」でした。でも、奥様の望む愛のカタチは、「一緒に起業したんだから一緒に考えて、力を合わせてお店の課題を解決していきたい」でした。

お互いの根底にあるのは、お互いを思いやるとても美しい愛です。しかし、その愛の表現（カタチ）がまったく相手が望むカタチになっていないので、ピースとピースがかみ合っておらず、そこにあるのはむしろストレスだったのです。でも、そこがわかればお互いに歩み寄れます。だってお互い愛なんだもの。

あなたにとって「愛するとは？」「愛されるとは？」

この2つの問いをパートナーと2人で話し合ってみることも超絶お勧めします。

それが僕は世界平和の第一歩だと思っています。

1分 WORK

自分のラブ5パスワードを出してみましょう。恋愛がさらにうまくいきます。また、友達・パートナーのラブ5パスワードがわかれば、人間関係も良くなります。

［A 会う］［B 言葉］［C ギフト］［D 助ける］［E スキンシップ］

▼自分［1位　］［2位　］［3位　］［4位　］［5位　］

▼相手［1位　］［2位　］［3位　］［4位　］［5位　］

Oshima

ミスター予祝男の奇跡の恋

ミスター予祝男！『前祝いの法則』でも登場した格闘家の大《おお》山《やま》峻《しゅん》護《ご》さん。実は彼は恋もすごかったのです。その恋の話をする前に、まずは大山さんの予祝ぶりを復習しておきましょう。

大山さんは、目標を考えているときに、コーチからこう質問されたそう。

「今年一番興奮する目標は何か？」

ただの目標ではなく、興奮する目標というのがポイントです。

２００５年当時、世界ナンバーワンのチャンピオンはピーター・アーツ。そのピーター・アーツと、12月31日のゴールデンタイムに放送される「K-1プレミアム２００５ダイナマイト!!」で対戦し、日本全国の人が見守るなか、1分以内の秒殺で勝てたら一番興奮するという答えが出ました。そこで大山さんは、対ピーター・アーツ戦を想定して練習を始めたのです。

最初にやったことは、ピーター・アーツに勝ったときの、喜び方を決めるところからでした。勝ったときに、誰とどの順にハグして、トロフィーのどこにチューをするかまで詳細に決めたのです（笑）。

そして練習を始める前に、毎回、その喜び方をイメージのなかで再現し、喜びをかみしめながら練習をするようにしたのです。まさに予祝マインドです。

しかし残念ながら、大山さんは体も小さく格下で、1カ月前に発表されたピーター・アーツの対戦相手に名前が挙がることはありませんでした。

でも、それでも大山さんはあきらめなかった。なんと、対戦相手がほかの選手に正式に決まったにもかかわらず、ピーター・アーツ対策の1人沖縄強化合宿まで決行したのです。自分は戦えないと正式に決まっているのに！（笑）

「大山は、まだピーター・アーツと闘うつもりで練習している」と、みなに大笑いされたそうです。それでも合宿を決行。一番苦しいランニングや砂浜ダッシュでも、ピーター・アーツに勝ったときの喜びで興奮しながら練習していたのです。イメージしすぎて、練習中にうれしくて泣き出したこともあったそうです（笑）。

さて、2005年12月31日のK-1プレミアム2005ダイナマイト、どうなったのか？

なんと、なんと、試合の9日前に突然ピーター・アーツの対戦相手が、ケガをしたんです。開催側も困りはてました。9日前では、さすがに試合に出られる準備をしている選手なんていないんです。

いるわけがない……。いや、1人だけいました!

大山峻護選手!

開催側から、大山さんに電話がかかってきました。

「大山、9日前だがやれるか?」

「はい。準備万端です!」

準備万端の大山峻護選手、1R開始わずか30秒、ヒールホールドで王者ピーター・アーツを秒殺。

メイク・ミラクル! これぞ予祝の起こすメイク・ドラマです。喜びながらやっていると、奇跡は起きるのです。

トロフィーのどこにキスするかまで予祝どおり。スタッフとハグする順番だけが予祝のイメージと少しだけ違ったとか(笑)。

さて、こんなミスター予祝男は、恋愛においても奇跡を起こしていたのです。

彼は中学2年生のときに初恋をします。しかも相手はテレビのなかの相手です。あるCMで、最後のシーンで登場する少女が「早く会いに来てね」と言っているように聞こえ、「いつか、絶対に会いに行く」と誓います。実は、このCM、口の動きだけが映されていただけで、そんなセリフ言ってないんですが、大山さんには「早く会いに来てね」と聞こえてしまったのです。もう完全な勘違い。妄想レベルの中2病というものですからゆるしてあげてください（笑）。

月日が流れ、格闘家になった大山さんは、練習の日々に明け暮れ、「いつか、絶対に会いに行く」と決めたことも当然忘れていました。

そして、格闘家として活躍している頃、いまの奥様と出会います。奥様は元アイドル、シンガーソングライターの河田純子さん（現在は健康・美容カウンセラー桜華《おうか》純子として活躍中）。

話はここからです。

結婚10年目の２０２０年、ふとしたことで大山さんが初恋の話をしたそうです。中学2年のときにテレビCMで見た少女にひと目惚《めぼ》れして恋に落ちてしまったのだと。

「え？　どんなCM？」

「オーディオのコンポで少女が踊っているCM」

「えっ？　それ……わたし！！！」

なんと、そのCMの少女こそ、純子さんだったのです。


僕は、これも予祝じゃないかって思ったんです。

大山さんは純子さんと出会って結婚しましたが、CMの少女が純子さんだと知りませんでした。しかも、初恋のことも忘れていました。ただCMを見たとき「いつか、絶対に会いに行く」と決めた。

ピュアな想いで強く決めたことって奇跡を起こすようです。

たとえその後、忘れていたとしても、一度の決断で、物語は起動し始めている。

それだけ、真に決めるってすごいパワーを生み出すってことなんです。

そして、運命の赤い糸ってほんとうにあるのかもしれないって思いましたよね？

「運命の赤い糸があるから、必ず会える」

実は、そう思うことも未来からの逆回転につながります。運命の赤い糸とは、どんな選択をしても、必ず会えるようになっている。それが運命の赤い糸です。そう思えば過度の執着も手放せるようになります。執着という抵抗がないほうがことはスムーズに流れるのです。

嘘のようなことがほんとうに現実になる。
人生って映画より面白い。やめられないですね。

人間の脳は、ほんとうに起きたことと空想したこと、どちらもほんとうに起きたこととして、とらえる性質があります。この脳のいい加減なところをうまく使って、自分をいいようにだましたほうがいい。これは自分をすごく良い方向に動かす起爆剤になります。大山さんの恋愛においての(良い意味での)勘違いはある意味、恋愛予祝で逆回転するときに使ってほしい考え方ですね！

僕の友達の友人の話になるんですが、彼女はなかなか彼氏ができなくてずっと婚活をがんばってきたそう。で、よく当たるという占い師に見てもらったら、運命の相手との出会いは1年後で場所はロサンゼルスにご縁があると言

われたとか。

彼女はこれまでずっと婚活をがんばってきたのに、「まだ1年も先？」とガックリした。しかもロサンゼルスなんか行ったこともないし、アメリカに行く予定もない。あまりに的外れな答えに期待が外れてしまった。しかし、1年後、なんと、日本とロサンゼルスを半々に生活している日本人と出会い、恋をして彼女自身もロサンゼルスで暮らすことになったのです。占いが当たった！！！！

そのとき、彼女が一番思ったことは何か？

「運命の出会いが決まっていたのなら、あんなに悩まずに、もっと毎日を味わいながら、楽しく生きていれば良かった」と思ったのだとか。これ、大事な気づきだなって感じました。出会いって、頭で考えても出会えるものでもない。だから運命の赤い糸を信じて、あんまり執着せず、毎日を楽しんで生きていけばいい。

もう1つ、僕のイベントに来てくれる方で「ずっと彼氏ができない」と悩んでいた方がいたんです。で、次に会ったときには素敵な年下のイケメンと一緒に現れて、その後、その彼と結婚されたんです。そのとき、彼女が言った言葉が印象的でした。

「これまで出会いがなくてほんとうに良かった。おかげでいまの彼と会えました」

60点の相手と結婚していい理由

恋も仕事も、ゴールからの逆回転でうまくいく！

というのがこの本の趣旨ですが、では、パートナーシップの究極のゴールは何でしょう？

人生最後の日に、手をつないで優しく相手の瞳を見て、「あなたと出会えて良かった。あなたで良かった」と言い合えることだと思うのです。

沖縄のヒーラー普《ふ》天《てん》間《ま》直弘さんは、理想の男性像を１００点満点だとしたら、30点だったら友達になってよくて、40点あったら「付き合っていい」と言っています。40点の相手と付き合っていいと言うんです。そして60点になったら「結婚していい」と。

僕らは、１００点満点の理想の恋人を探しがちですが、実は、１００点の相手はどこにもいないんです。だって、あなただって胸をはって「わたしは１００点満点です」ってなかなか言えなくないですか？

自分が１００点じゃないのに、相手にだけ１００点を望むって、ちょっと違和感ありませんか？

「妥協すればいいって話ですか？」と思われたかもしれませんが、それも違います。

パートナーシップというのは、１００点満点の相手を探し、付き合うことを言うのではないんです。30点の友達を10点上乗せできるように一緒に高め合っていくのが人間関係なんです。それで30点が40点に高まったら付き合ってもいい。そこからさらに60点まで磨き合えたら、結婚していい。そこから好みの男に育て、息を引き取るときに、お互いに「この人生、貴女（貴方）を選んでよかった」と言い合えたらいいと。

お互いを鏡にして、自分を知り、相手を知り、磨き育て合っていくのが人間関係なんです。


若い頃の2人は「肌の温もりが、愛《いと》しい恋しい仲」。

中年、壮年の2人は「心が愛しい、恋しい仲」。

老人の2人は、「人生良いも悪いも有ったけど、未《いま》だ一緒に居ることが、愛しい、恋しい仲」

「この人生、貴女（貴方）を選んで良かった」で逝《い》けば良い。


普天間さんはそう教えてくれました。

人生最後の日までに1点でも上がるように磨き合っていく。そう思ったら、パートナーシップが減点方式にならずに加点方式に切り替わります。これは革命的なチェンジです。

ジョディ・ピコーというアメリカの作家さんが、このようなことを言っていました。


「完璧だからその人を愛するんじゃない。完璧ではないにもかかわらず愛するんだ」


僕は結婚して25年が経ちました。

もう、親と一緒に過ごした時間を超えています。振り返ればあっという間でした。

結婚して最初の3年間は妻以外と会うのがイヤで、友達からの誘いはみんな断るくらいラブラブでした。でも、4年目から反動が出ました。お互いに価値観がまったく違う2人だったことに気づいたのです。僕が大切にすることを妻は全然大切にしてくれないし、妻が大切にしていることも僕は大切にできなかった。それから5年間くらい、ぶつかり合い、お互いにお互いを変えようとケンカばかりの日々になりました。

「お風呂から出たら換気扇を付けてね。そしてバスタオルとマットを洗濯機に入れてスイッチを入れてね」

こんな単純なことを僕は10年以上も言われ続けてきたけど、ずっとできなかったんです。そのときは確かに覚えているんだけど、仕事のことを考えたりすると、すっかり忘れてしまうんです。何度も何度も言われて、でもできない僕。いつもこんなささいなことから大きなケンカになっていきました。なんで妻は、そんなささいなことばかり気にするんだろうって。いつしか僕は離婚したいなと思うようになっていました。

あとで聞いたら妻もそうでした。

でも、お互い、相手を変えようとたくさんケンカするなかで、次第に「この人は、こういう人なんだ。この人はこのままでいいんだ」と、相手のイヤなところもそのままにゆるせるようになっていったんです。

先日のこと。

「洗濯が終わったらフタを開けておいて」と頼まれて、「うん。オッケー」と言いながら、やっぱり僕は忘れていて（そう、男性はいつまで経っても小学5年生なんで、できないものはできないんです）。

妻が家に戻って来て、フタが開いてない洗濯機を見て、「やっぱりね」って笑ったんです。妻はついに笑ってゆるしてくれるようになったんです。

こんなこともありました。

僕は、打ち合わせにはいつもマイ水筒にコーヒーをいれていきます。ある日の朝、駅の改札を通ろうとした瞬間、家に水筒を忘れていることに気づき、家に電話をしたら、その水筒を持って妻が走って駅に届けてくれたんです。

たかが水筒です。それをわざわざダッシュで持って来てくれた妻。

でも僕にとってはたかが水筒じゃないんです。本の打ち合わせのときはマイ水筒のコーヒーがなくては頭が回転しないって、妻には一度もそんな話をしてないのにわかってくれていたんです。

ケンカを何度も何度もしたっていいんです。

ケンカをしながら「自分の幸せのカタチ」「相手の幸せのカタチ」をわかり合って、ゆるし合って、「2人の幸せのカタチ」を一緒に生み出していくのがパートナーシップだからです。

「2人の幸せのカタチ」を模索した結果、「別れる」という選択肢を選んだとしても、それはそれで素晴らしいと思います。だって、幸せのカタチは人の数だけあるし、別れだって、まだ人生のプロセスの一部だし、それもまた新たな幸せの伏線です。

どこまでいってもゴールから逆算するのが、逆回転の法則です。

ゴールは幸せだと思ったら、今日起きることも明日起きることもすべては幸せの途中経過。人生最後の日に、「あの人と出会えてよかった」と思えたら、いいことも悪かったことも、なくてはならない大切な「思い出」に変わります。


人はうれしいことばかり求めるけど、うれしいことばかり起きる映画は誰も見に行かないように、全部あるほうが、最後に「いい思い出」に化けるのです。

ひすいさん、めっちゃいい話で感動です。「笑って許し合える」ってめちゃくちゃステキですね。僕はゲップをすると妻にめちゃくちゃ叱られます。いつか笑って許してもらえるように、ゲップの研究をしています（笑）。

WORK

上手な本音の伝え方「フィードバック・サンドイッチ法」

相手（パートナー）とケンカしちゃったときは、次の問いに向き合ってみてください。

あなたはなぜ怒ってるのでしょう？（あなたは何を大切にしたいのでしょう？）

相手はなぜ怒っているのでしょう？（相手は何を大切にしたいのでしょう？）

あなたから見て、相手はどう感じていると思いますか？

あなたはいま、相手に何を一番わかってほしいのでしょうか？

相手はいま、あなたに何を一番わかってほしいのでしょうか？　相手はどうしたいのでしょうか？

このケンカを通して、2人の関係はどうなったら最高でしょうか？

このケンカを通してさらにお互いが理解し合え、いい関係を築けるとしたら、どうしたらよいでしょうか？

［問いに向き合ってみて出た答えを書き出してみよう］

以上を踏まえたうえで、あなたは、最終的にはどうしたいですか？

あなたは、相手に「ここはわかってほしい、改善してほしい」「こうしてほしい」という本音を伝える必要が出てきますが、自分の本音をちゃんと相手に伝え、わかってもらうための作法があります。ただの文句では何も解決しないし、相手も心のシャッターを閉じてしまいケンカが大きくなるだけです。

相手に「こうしてほしい」という本音をうまく伝えるには、「フィードバック・サンドイッチ法」が有効です。

たとえば、時間を大切にしている人は、相手の遅刻に対してすごくイライラしてしまうもの。「遅刻しないでよ」と怒ると相手もいい気がしませんので、こう伝えるんです。

❶最近たくさん会えてうれしい

❷それで、1つお願いがあるんだけど遅刻をしないでもらったらさらにうれしい！

❸ただ全体的には忙しいなか、すごくがんばってくれているからありがとう

《フィードバック・サンドイッチ法》

❶その人の良い部分を1つあげる

❷許可をとってから、あなたの「こうしてほしい」という願い、改善してほしい点を言う

❸最後は全体的には良いことを伝える

「良いこと＋改善点＋全体的に良いこと」と、「お願い、改善点」の前後に「良いこと」をサンドイッチのように挟み込むと、脳がなぜか褒められているように感じるので、素直に気持ちよく相手の願いを聞き入れてくれるのです。

ちゃんとお互いに本音を言い合える関係こそ、幸せの源泉です。

［「フィードバック・サンドイッチ法」で、あなたの本音を書いてみよう］

「ゼロ現実の法則」空想を現実にする4つの材料

無を有に変える魔法があります。いわば、頭のなかのファンタジー（空想）を現実にする方法です。

未来のこうなりたいって思ったことを現実化するには、材料が4つそろえば、なかったものを現実にできるのです。

その法則を、わたしは「ゼロ現実の法則」として、結婚相談所でのカウンセリングでのゴール設定で入れてもらうようにしています。たった4つの材料を入れるだけで、ぐっとファンタジーが現実になり始めるのです。その材料4つとは、

❶「名前」を入れる（名付ける）
❷「場所」を入れる
❸「時間」を入れる
❹「エネルギー」を入れる

この4つを入れたら未来は出現します。

たとえば「結婚したい」と思ったとします。あなたは何をしたら結婚したと認識しますか？

ただ単に「わたしは結婚した」と思うだけだと周りの人は、なかなか現実として受け入れてくれません。ではどうしたらいいか？

たとえば結婚届はどうでしょう。

❶「名前」を入れる——結婚届に、相手と自分の名前を書く
❷「場所」を入れる——新しく住む住所を入れる
❸「時間」を入れる——結婚届を出した日付を入れる
❹「エネルギー」を入れる——結婚式をする　儀式として指輪をする　新居に住む

どうです？　この4つがそろえばゼロだった2人の関係が現実となりますよね？

つまり、「恋人が欲しい」という願いを現実にするには、この4つを設定してあげればいいのです。

❶「名前」を入れる（名付ける）――わたしのメリークリスマス「恋人ゲット大作戦」
❷「場所」を入れる――海の見える海岸沿いのイタリアンレストランで
❸「時間」を入れる――２０２1年12月24日クリスマス
❹「エネルギー」を入れる――携帯の待ち受けにイメージ画像を入れる

ちなみに「エネルギーを入れる」とは、何かアクション（行動）を起こすことです。

たとえば2人でディナーで乾杯、結婚式、指輪交換、誓いのキス、契約書のハンコ、前夜祭、後夜祭、記念日のパーティー、おうちの地鎮祭、入社式、花火を打ち上げる、予祝で乾杯などです。


この4つのゴール設定を決めて、予祝物語ふうのストーリー「未来日記」をつくります。


２０２1年12月24日（時間）、クリスマスイブの雪がちらつく静かなひととき。

背の高い菅田将暉《すだまさき》似の素敵な彼と晴海ふ頭のイタリアンレストラン（場所）で海を見ながら、わたしのクリスマスの恋人ゲット大作戦が成功して、ワインで乾杯(エネルギー)している。

彼からは優しい瞳で見つめられ「ななこ」（名前）と言われて、「なあに?」と言ったら彼がシャンパンがキラキラ光るテーブルに、さらに輝きを増すダイヤモンドのマリッジリング（エネルギー）を出してくれた。わぁーー超サプライズ！　リングには「２０２２年12月24日」、時間と彼の名前と、わたしの名前が刻まれていた。「ななこ、来年のこの日にハワイの教会（場所）で結婚式をしよう」

内側から幸せが込み上げてきた（恋愛予祝）。最高に素敵なクリスマスイブになった。ヒューヒュー♡

こんな感じで、予祝を「物語」にすると、あなたの願いはすっと潜在意識に入ります。未来の恋愛が叶うアプリがあなたにインストールされたようなものです。

ぜひ未来の叶えたい恋の願いに４つの材料、「名前」「場所」「時間」「エネルギー」を入れて物語に仕立てましょう。

恋愛上手な人は実は、良質の妄想（物語）をうまく利用しているのです。

58ページのイチローさんが小学生のときに書いた作文も４つの材料が入っています。

❶「名前」を入れる ―― 一流のプロ野球選手
❷「場所」を入れる ―― 全国大会というステージやプロ野球チーム

❸「時間」を入れる――3歳から7歳と書き入れたり、全国大会に出場の時の年齢も想像して入れています

❹「エネルギー」を入れる――最後に作文という形で文章にすることでエネルギーが入り、夢実現のパワーを持ったわけです

そもそも「宇宙」の「宇」とは「空間」（場所）のこと。「宙」は「時間」のこと。そこに「名前」と「エネルギー」を注いであげると、そのヴィジョンは宇宙空間の中で実体化するわけですね。あなたが生まれてくるときも、両親のエネルギーを受けて時間が決まり、場所が決まり、名前が決まり、あなたはこの世界に実体化したわけです。おめでとう！

WORK

ファンタジー(空想)が現実になる4元素

4つの材料を入れて、あなたの恋の予祝物語をつくってみよう。

❶あなたが叶えたい夢の題名を付けてください(名前を付ける)。

[例]「マキの結婚大作戦!」「恋人との素敵な夜物語」「セブ島ウキウキ旅行プラン」……

❷あなたの夢が叶う場所を書いてください。

[例]「レインボーブリッジ」「表参道イルミネーション」「博多どんたく祭り」「居酒屋てっぺん」……

❸あなたが夢を実現する未来の日時を入れてください。

[例] 2021年1月19日……

❹あなたがこの思いを達成するためのアクション(エネルギー)を3つ書いてください。

[例] 旅行先の部屋に写真を飾る/毎日短い予祝日記を付ける/友達とあなたの空想をシェアするなど……

以上を踏まえて物語ふうに仕上げてみよう(このワークは、1人でもいいですが、2人以上でやって物語をシェアするとエネルギー量が上がり、さらに現実化しやすくなります)。

［小説家になった気分で夢・空想に４つの材料を入れ込んで、どんどん物語ふうに「未来日記」を書いてみよう！］

Hisui Shiratori

ネガティブ感情との向き合い方

理想の未来を描き、逆回転を使いこなす際に、未来への不安が出てくることがあります。たとえば「素敵な優しい男性と来年は結婚している」という未来から逆回転して予祝するときに、「わたしに魅力なんかないからムリ！」と不安な状態で予祝をしてもうまくいかないことがあります。そのときに未来の不安を小さくする方法として、そのネガティブな感情を受けいれ認め表現してあげるといいんです。

たとえば、未来を予祝したときに「わたしにはムリ」「大丈夫なのかな？　相手は自分のことを好きなんだろうか」と不安が出てきたら、その不安を認めてあげたらいいんです。「わたし、不安なんだな。予祝してるけど、ほんとうはムリじゃないかなって思ってるんだな」って、そのままに認めてあげる。

人も感情も認めてあげると味方になり、
否定すると敵になるのです。

「大丈夫かな？」「認めてくれるのかな？」「できるかな」「怖いな」「恥ずかしいな」「面倒くさいな」といった不安や恐れ、ネガティブな思いが出てきたら、そう思った自分に「よし、よし」と、自分を受けいれ認めゆるし愛してあげてください。すると感情はニュートラルになります。

喜怒哀楽は春夏秋冬のように全部あっていいんです。むしろ季節のように全部あることが豊かさです。

お勧めな方法はネガティブな感情を友人とシェアすることです。信頼できるお友達に「話す」ことで、自分から「放す」ことができるのです。感情を出しづらい場合は、紙に書いてみてください。恥ずかしい感情もすべて書いていくと、その感情を客観視できるので認めやすくなります。

ネガティブな感情を受けいれ認めてゆるし愛してあげると、

怒りは ⬇ 自信に変わります。
悲しみは ⬇ 愛になります。

恐怖は⬇勇気に。

後悔は⬇知恵に。

不安は⬇希望に変わります。


ここからはマキさんから、ひすいにバトンタッチして話を進めますね。

たとえば、告白するときの恐れ。なぜ好きな人に告白するのが怖いかというと、フラれるのが怖いからですが、なぜ怖いかというと、その人を失うのが怖いくらい好きだからです。

たとえば、失恋した哀《かな》しみ。素敵な思い出が多かったときほど哀しみは深くなります。

たとえば怒り。なんで怒るかというと、その人を深く信頼していたからこそ怒りが生じてるんです。

不安、恐れの先にちゃんと愛があるから、恐れでとめるのではなく、ちゃんと向き合って受けいれ認め、その奥にある愛までたどり着いてくださいね。

そして、ひすいとしては、小玉泰子さんが生み出した言霊《ことだま》メソッド「まなゆい」を、お勧めしています。不安な感情が出るたびに、

「わたしは、＿＿＿＿＿＿＿＿と思った自分を受けいれ、認め、ゆるし、愛しています」

と、つぶやいて4つの言葉で自分の本心を全肯定するという超シンプルな手法です。

（＿＿＿＿＿＿＿に自分の思いをそのまま入れます）

たとえば上司にムカッときたら、「わたしは、ムカッときたと思った自分を受けいれ、認め、ゆるし、愛しています」と自分の感情を肯定してあげるのです。声に出したほうがより早く癒されますが、心のなかで言ってもいいです。

たとえば、すぐに他人の目を気にしちゃう自分が嫌いだとしたら、「他人の目を気にしすぎて疲れてしまう。と思った自分を受けいれ、認め、ゆるし、愛しています」と言います。その次に「そうは言っても、そんな自分をゆるせない」と思いが湧いてきたら、「そうは言っても、そんな自分をゆるせない。と思った自分を受けいれ、認め、ゆるし、愛しています」と湧き上がる感情をひたすら「まなゆい」していきます。

僕の場合は、朝お風呂のなかで、自分の心がスッキリするまでひたすら湧き上がる思いを4つの言葉で全肯定しています。

ネガティブなことだけではなく、「何か新しいことをやりたいけど何しようかな。と思った自分を受けいれ、認め、ゆるし、愛しています」と、同じように続けていくことでアイデアも面白いくらい自分で出てきます。

自分の感情を受けいれ、認め、ゆるし、愛することを通して、僕たちは自分を愛するということを深めているのです。そして、自分を愛することで、今度は、他人を受けいれ、認め、ゆるし、愛せるようになるのです。

「祓《はら》い」と「結び」という考え方が神社にはありますが、「まなゆい」でネガティブな気持ちを祓い、予祝で理想の未来と結んでいくとすごくスムーズに、なりたい自分になれます。

なりたい自分がほんとうの自分だよ。

僕も「まなゆい」をめちゃくちゃ実践しています。よく周りの人からは、いつもポジティブな人に見られたりしますが、僕はけっしてそんなことはないんです。
先日も駅のホームを歩いていたら、ゴミが落ちていたのにスルーしてしまい、あとでめちゃ後悔しました。そんなとき「まなゆい」をやると、ほんとうに心が落ち着いてきます。
講演前には、いつも緊張しちゃうので「まなゆい」をやっています。「まなゆい」を習慣にすると、人生も恋愛もすべてうまくいっちゃいますね。

1分 WORK

「あなたの恋の願いがすべて叶うとして、でも、そこに至るまでの未来の心配事があるとしたら何ですか?」

「それを考えたらどんな感情になりますか?」

［例］怖い、つらい、悲しいなど……。

紙を用意して、その感情を思いつくまますべて紙に書き出して、「まなゆい」してみよう。

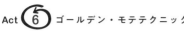

Shiratori

ゴールは3つ持つとうまくいく

60回お見合いして、うまくいかない人がいました。それを知って、なぜ、うまくいかないのか不思議でした。

なぜなら彼はイケメン。それも〝3高〟で、高身長、高学歴、高収入であるなか、なぜこんなにお断りがあるのかわからなかったのです。

わたしが気になったのが、1回目はこの〝3高〟の条件もあり、相手も喜んですぐに会う約束までいくのですが、2回目に会える確率が、ほぼ90%ダメ。

これって大問題で、2回目に会いたいかどうかが、お見合いにおいても勝負が決まってしまうポイントなのです。ふつうの相談所では、「たくさん会ってがんばってください」というところも多いのですが、会うだけで疲労しちゃいますよね。

そこでわたしは彼にヒアリングをし、恋愛中にうまくいったときのパターンと、うまくいかないときの両方の行動や考え方のステップを明解にするなかで、ついに問題を発見したのです。

彼の場合は、こうでした。

《うまくいかなかった場合》

❶会う前から良い人だと思われたいと思っていた
❷相手に好かれたいからめちゃくちゃ下手に出て機嫌をとる
❸相手に許可がないのに焦ってアドレスを聞いてしまう
❹いつ会えるか、その場でさらに焦って聞いてしまう
❺お断りがくる

《うまくいった場合》

❶今日は楽しんで話そうと決めていた
❷自分がお気に入りのカフェ（場所）で会った
❸落ち着いて会えたのでリラックスしていた
❹相手から連絡先を聞いてきた
❺いつ会えるか日にちを相手から言ってきた

これが数少ないけど、彼がお見合いでうまくいったパターンでした。

うまくいかないときの彼にとってのお見合いのゴールを聞いてみました。彼のお見合いの目標は、「会う人全員と、あわよくば結婚したい」という無茶なゴールでした。

「えっ⁉　全員と？　だって結婚する人って1人でしょ？」

「はいそうです」

「じゃあ、結婚するかどうか初めからわからない人に全力は相手も怖いですよ」

「なるほど、そうですよね」

結婚なんて最終的な目標なのに、そのために取った態度は、「全員に好かれる」というハードルの高い目標に対するガチガチな行動が1つあるだけでした。そこで、わたしがアドバイスをしたところ、なんとスルスルお見合いがうまくいったのです。

失敗しやすい人は「モテたい」「結婚したい」「仕事も成功する」など、結果やゴールを1個しか持たないのですが、わたしが提案するのは、

ゴールは「3つ」持つとうまくいきやすい。

ということなんです。やり方は、うまくいったパターンを上手に取り入れることです（彼

の場合のは、うまくいった例❶❹❺を取り入れました)。

いままでうまくいったパターンは慣れているため達成しやすいので、そこをゴール設定にうまく組み込んでいきます。

まずは最低限の目標。ここだけできたらこのお見合いは合格だっていう合格ライン「ステップ1」のゴールを描きます。その次にさらに上の「ステップ2」の目標、最後に「最高ならこれ」という「ステップ3」のゴールを考えます。

1 (合格ライン) ステップ1
2 ステップ2
3 ステップ3

ゴールを1つではなく3つ持つことで気持ちにゆとりが生まれ、逆にゴールがすべて叶う可能性が出てくるのです。

1本の道に大きな岩が落ちると、道がふさがれて、それ以上行けないと焦ってしまいます。ゴールが1つしかないのは良い選択ではないんです。そこで、彼の次のお見合いの目標を決めました。

1 お見合いで楽しく話せたら合格（ステップ1）
2 連絡先が聞けたらもっと合格（ステップ2）
3 その日に次の会う約束を決められたら大合格、大宴会（ステップ3）

それまでは彼は「好かれなければいけない」とプレッシャーでガチガチになっていたのが、「楽しく話せたら合格」など、ゴールを3つに増やしたことで精神的に余裕が生まれました。そして、お見合いまでうまくいったのです。

付き合うことや結婚をすることだけが1つのゴールになってしまうと、そこに執着心や固執という現象が発生しやすくなります。

ぜひ、最初にうまくいかなかったパターンを書き出して失敗の原因を把握してから、うまくいったパターンを探して、ゴールも1個ではなく複数描いてください。

ゴールは、ときめくために持つのです。深刻になるだけなら、そのゴールは間違っています。あとは、最終のゴールを視野に入れておくことも大事です。

相手と付き合うことで、どんな素敵な人になりたいのか？

人としてどんな深みを出せる人になりたいのか？

結婚がゴールではなく、さらにその先のゴール、結婚したあとの生活や新しい家族としての未来に目を向けると、自《おの》ずとそこにいたる選択肢は広がります。また、結婚というゴールが単なる通過点になるので叶いやすくなります。

ほんとうのゴールは、「何を得るか」ではなく、「どんな人になりたいのか」にあると僕は思っています。恋人との付き合いを通して、結婚を通して、お金を稼ぐことを通して、どんな人になっていきたいのか、そこに尽きるなと。どんなにお金があっても、魅力が何もない人にあこがれますか？
逆に魅力があれば、財産をすべて失っても、人もお金もあなたを追いかけてきます。どんな人になりたいのか？　そこが見えれば選択肢は無限に広がるし、ゴールも１つではなくなりますね。

1分 WORK

目標は1つではなく、ステップ1～3まで、3つの目標を設定してみよう。

①達成したいことで、でも、いままでうまくいかなかったときのことをステップ順に整理する

②達成したいことで、うまくいったときのことをステップ順に整理する

③うまくいったときのステップを上手に活用して目標設定する

[1]（合格ライン）ステップ1のゴールは？

[2]ステップ2のゴールは？

[3]ステップ3のゴールは？

ゴールの選択肢を増やすと願いが叶いやすくなります。

Shiratori

パートナーへの言葉がけも逆回転でうまくいく

ゴールから逆算するというのはいろんな場面で使えます。

不妊治療をしている人には、先に生まれてくる子どもの名前を付けちゃいましょうと提案します。これも逆回転です。それでほんとうに子どもが生まれたケースもあります。

恋人ができたら、一緒に食べに行きたいレストランを探して、先に友達と行っちゃって雰囲気を感じてくるのも逆回転。

ひすいさんが、サンローランの店員さんの話を書かれていましたが、わたしの場合は、ロレックスの時計を見に行ったときに、店員さんが言ってくれた言葉が印象的でした。

「いま手が届く50万円とかのロレックスを買ってしまうと、また買いたくなるし、買ってすぐに満足で終わってしまいます。いまの白鳥さんじゃなくて、10年後の白鳥さんがときめく時計を選びませんか？」

そう言われて、買う予定のなかった10年後の自分がときめくロレックスを買っちゃいました。さすがロレックスの店員さん、うまいですよね（笑）。これもトキメキのゴールからの逆回転思考です。

パートナーへの言葉がけも逆回転させるといいんです。パートナーの最高の未来の姿を想像して声をかけてあげるんです。「あなたは絶対成功する」とか「わたしが見てるんだから間違いない。いままでわたしが好きになった人でイケてない人は1人もいないんだから」とか言ってあげると、相手はクーッと気持ちが上がっていきます。

男性の未来の青写真を語れる女性は、最高のあげまんだと思います。

世界中でパートナーのことを批判されたり、文句を言われたりしても「わたしだけはあなたが最高で素晴らしい人だと信じているから大丈夫」と言ってくれる女性は、ダイヤモンドよりも美しい財産になっちゃいます。

いまは相手に自信をつけてあげられる女子が少ないのですが、自信をつけてあげられる女子が増えると男子は一気に元気になる。どんなに世界を敵にしても「世界一すごいのはあなただから」という女子が増えたら、世の中は確実に変わるんです。

僕は「すべての男は天才である！」と提唱しています。「その天才性を引き出せる女性がいるかどうか、そこにかかっている」と。

とはいえ、最初は男は30点くらいなんです。男は小学校5年以降、ほぼ精神的には成長していない真実を女性たちは見抜いてください（笑）。男は何歳になっても小学生と同じだと考えれば間違いない。でも、その30点の男を１００点にしてくれるのが母の存在であり、パートナーの存在です。女性が最高の未来を信じてくれたなら、30点の男が１００点満点に成長していくんです。

つまり、この本さえあれば30点の男と付き合っても大丈夫！（笑）あなたが１００点に磨いていけるからです。

女性の皆様、完成品より、未完成の男のほうが大変だけど面白いですよ。

男が歴史をつくる、と言われることがあるけど、その男は女がつくるんです。

1分 WORK

「世界一すごいのはあなただから」とパートナーに伝えてあげよう。

「会う人はみんないい人」の法則

自分がイライラしていると、周りの人までイライラさせてしまう。

これは満員電車で実感しました。

わたしが大阪で会社員をやっていた頃、毎日満員電車に1時間くらい乗らないといけなくて、そんな生活を7年間過ごしたので、どうやって満員電車を快適に過ごせるかを研究したことがあるんです。

朝、7時過ぎの通勤ラッシュの電車は、身動きが取れないほどガチガチでした。そんななか、大勢が降りる駅の1つ手前で、わたしは降りないといけないので、もう毎日必死。どうやったらこの状態から電車を降りられるんだろうって。でも、降りられる方法を見つけてしまったのです。

みんないい人、周りの人は優しい人。
そう思ってみたんです。

わたしは、優しい人たちにふんわり囲まれていると思おうと。

すると、驚くほどスムーズに降りられるようになったんです。

何も言わないで突き進んで出ようとすると、みんなに「チッ」とか舌打ちされて出るに出られなくなります。

それを、みんながいい人だと思って「あっ、すみません。降ります。ありがとうございます」とかわいく言うと、スルスルと降りられます。わたしの会社員時代の大発見です（笑）。

全然違うんで、やってみてください。まったく違うんですよ。「こいつら最悪」みたいに思ってると、めっちゃめちゃぶつけられるし、突き飛ばされるし、足は踏まれるし、スーツケースにひかれます。

一方、「みんながいい人で、この車両だけはみんなハッピーで、あのおっちゃんも実はすごい苦労してるけど、すごいがんばって出勤してる」と思って乗ると、みんなが優しくなって、ふんわり乗れるし降りられるんです。

超満員の電車にイライラしながら降りようとやってみてください。イヤなことを思い出してイライラして「みんなイヤなやつだ」と思って乗り、「チッ」と言いながら出るとか（笑）。すると、ほんとうに降りるのが大変になります。で、そのあとに、みんないい人と思って乗り直して2つを比べてみてください。居酒屋でもそうですよね。イライラしたお客さんが来るとみんながイライラするし、タクシーでもイライラして「急いでます」とか焦って言うと、ドライバーさんも何だかイライラした感じになる。

また、結婚が近くなってくる人がたいがい言うセリフがあるんです。「周りのみんながいい人です」って。それはすごく幸せな気持ちで過ごしている人に、悪さしたいってなかなか思わないからです。赤ちゃんを産んだばかりの幸せなお母さんに悪さしたいって、人は思わないはず。

嫌われている人って、実はこの現象が起きていて、「この人はわたしのこと嫌いなはず」と自分で思ってしゃべっちゃっている。すると、相手はほんとうに自分が思っているとおりの人になっていくんです。

「絶対、この人は裏で悪いことをしてて、女遊びがひどいに違いない」と思っていると、そういうふうなキャラクターにほんとうになっていってしまうのです。

自分がどう思っているかが、そのとおりの世界になっていく。

だから「わたしと結婚する人は幸せになれる」と思っている人と、「幸せにしてほしい」と思っている人とでは、前者の人のほうがモテるんです。

前者の人と一緒にいるほうが楽しいからです。

太っているある女性は、「あなたは細いのが好きっていうけど、絶対太ってるほうが好きなはずよ。絶対最後には好きになるに決まってる」と言ってるうちに、だんだん相手もその気になっていくというケースもありました。

結婚相談所には、好き嫌いが激しい女性が多くて、男性のことを「こいつ」とか言っちゃう人もいるんですが、

「いまから会う人は全員いい人だから、みんなあなたのことが大好きで幸せにしたいと思って会っているから、そうやって接してね」と伝えています。

あなたがどう思うか、それがあなたの住む世界になるのです。

沖縄のヒーラー、普天間直弘さんと居酒屋に行ったときのこと。たまたま僕らのオーダーを取りにきたスタッフの方が見るからに不機嫌で、でも普天間さんは、不機嫌な店員さんに「ありがとう」と丁寧に対応し、とにかくその店員を褒めていたんです。すると、だんだん料理や飲み物を持ってくるときにその店員さんの機嫌が良くなってきたんです。で、その不機嫌だった店員さん、最後、急にお店の服から私服に着替えてきて、「どうしたんだろう？」と思っていると、「ちょっと今日はもう上がらせてもらいますんで。ありがとうございました」と挨拶までしてくれた。

「なんだ！　この人、ほんとうは、めっちゃいい人じゃん！」って（笑）。

自分がどう接するかで、相手は変わるんです。

そして、自分がご機嫌だと相手をご機嫌にするパワーがあるんです。

『幸福の習慣』（トム・ラス／ジム・ハーター著、ディスカヴァー・トゥエンティワン刊）によると、自分が幸せを感じていると、その幸福感は周りに伝染し、家族や友人の幸せ感が15％高まるという統計データも出ています。ご機嫌は感染するんです。

Oshima

究極のモテ5原則

究極のコンサルタント・福島正伸先生を阪神タイガースの矢野監督に紹介したときのこと。究極のリーダーになる5つのポイントを教えてもらいました。

で、この5つは恋愛にもそのまま当てはまるなと。この5つを心がけたら、確実に魅力は上がり、異性があなたを放っておかないでしょうね。

そして、女性が男性の才能を引き出す際のポイントにもなります。

それがこの5つです。

1つ目は「感謝の姿勢」です。

どんなにあなたがいいことを言っていても、もしその相手に嫌われていたら、あなたのメッセージは相手に響きません。心を開いてくれてない人には、言葉は届かないんです。その相手の心の扉を開けてくれる、ひらけゴマの魔法が「感謝」です。

福島先生は部下と会話するときは必ず感謝から始めると言っていました。部下と話をするときでも、「ほんとうにいつもありがとう」と感謝を伝えたあとに会話を始める。これは夫婦円満の大切なポイントであり、人間関係すべての極意です。

僕は、仕事で家に帰るのが週に一度ほどで、そんな状態でも夫婦円満なのは、「ほんとうにいつもありがとう」と感謝の言葉を伝えることを意識してきたからだと思います。

「いつもご飯ありがとう」

「いつも応援してくれてありがとう」

感謝の姿勢は、恋愛や結婚においても絶対に必要です。

2つ目は「相手から学ぶ姿勢」です。

相手のいいところを伝えたり、どんな若い部下からも学ぼうとする姿勢です。

野球で言うなら（いつも野球ネタですみません）、無謀な走塁をしたとしても、積極的な姿勢を学ばせてもらったと伝えたり、また、良いプレーを伝えてあげることは、監督から「見てもらえている」とモチベーションも上がります。

そして、もっとも効果的なのが、相手から教えてもらったことを必ず手紙にして書くんだそうです。

これはうれしいですよね。もしあなたが思いを寄せている人がいたら、その人から何を気づき、何を学んだかメールや直接言葉にして伝えてあげるといいわけです。

「あなたのいつも笑ってる姿を見て、すごく元気をもらっています。笑顔は人を元気にする力があることを、あなたから学ばせてもらっています」などなど、直接伝えることで、相手はめちゃくちゃ喜んで、モチベーションが上がること間違いなしです。

3つ目は「マニアックな共通項を見つける姿勢」です。

共通点を互いの話のなかで見つけていくんですが、マニアックな共通点ほどいいんです。そのためにコミュニケーションが必要になります。人は3つ共通項を見つけたら親友になれると言います。福島先生はリンゴが食べられないそうで、リンゴが食べられない人ってめずらしいじゃないですか。だから、リンゴを食べられないって聞くと、お互いにものすごい親近感が湧くそうです（笑）。

2人で、共通点を見つけ合うことをゲームにしてもいいですね。

4つ目は「相手の長所を見抜く姿勢」です。

とくに相手が気づいていない長所に気づかせてあげること。短所だと思っていたことを長所だと見抜き伝えてあげられたら、なお素晴らしいとか。

たとえば、短気であるという短所は、情熱があるという長所になり、短所の裏返しです。人の目を気にしちゃうという短所は、人の気持ちに気づく能力が高いという長所だといえます。臆病に見える短所は、慎重に物事を進める長所の裏返し。協調性がないように見える人は、その背後に主体性があるという長所が隠れています。人見知りな人は、時間をかけて深く人間関係を築いていくタイプだったりします。緊張しやすい人は、それだけそこに情熱を持っているゆえです。

このように、人は、自分が短所だと思っていることを、実は、長所なんだと気づかせてもらえると、ほんとうにうれしいものです。

大好きな女性が、自分が短所だと思っていることを聞き出して、後日「あなたは短気なところが短所だって言うけど、わたしは、それは情熱がある証拠だと思う。素敵だと思う」と、言われたら、男はたまらないです。男を伸ばす女性は、短所を長所で見る女性です。

5つ目は「信じきる姿勢」です。

自分のことを自分以上に成功させようとする人に人はついていきたいと思うもの。

自分のことを自分以上に信じきってくれる姿勢。

信じきるとは、起きた出来事に影響を受けないってことです。

女性が男性の未来を信じきってあげられたら、その男性は必ず伸びます！

僕がまだ起業する前、居酒屋で働いていたとき、社長と大ゲンカしてしまって泣きながら家に帰ったことがあるんです。もう会社も辞めようと思って1人で焼き鳥屋のカウンターで飲んでいました。そんな僕の大ピンチのときに、彼女はすぐに駆けつけてくれて、ただただ横で僕の話をひたすら聞いてくれました。そして、僕がすべてを話し終わったとき……。

「わたしは、どんなことがあっても、啓ちゃんについていくから。啓ちゃんのそばにいるから。啓ちゃんだったらどんなことがあっても絶対にうまくいくと思うから」

そう言ってくれたんです。

泣きました……。

うれしくて泣き崩れました。大ピンチのときに、信じてくれる。大ピンチのときに、そばにいてくれる。僕にとって、一生忘れられない大切な思い出になりました。

このとき、僕は彼女と結婚しようと決めました。彼女はいまの僕の妻です。僕の最高の未来を信じてくれた彼女が僕を育ててくれたんです。

あげまんである大嶋さんの奥様の対応は、ぜひ、マネしたいですね。ピンチのときこそ一番近くで寄り添い、話をしっかり聞く。これはパートナーとしてすごく大切な要素になります。大ピンチのときに信じてあげることは、その人の一生を左右するくらいの力になるのです。

思い出しました。僕の場合は、風邪で会社を休み、家で寝込んでいたらピンポーンとチャイムがなったんです。ドアを開けると……彼女でした。社内恋愛だったんで、僕が休んだことを知り、彼女はなんと会社を早退してお見舞いに来てくれたのです。優しさが身に染みてうれしくて、風邪も吹っ飛びすぐに良くなり、その日の夜、思わず「結婚しようか?」とプロポーズしてしまいました。あのとき、風邪を引かなければ、僕の人生は……さらに素晴らしいものになっていたでしょうね。なーんて（笑）。
追伸　女性の皆様へ。男性が弱ってるときこそ腕の見せどころです！（笑）

予祝プロフィール

わたしの結婚相談所で9割結婚が決まる理由の1つとして、婚活プロフィールを「予祝プロフィール」にしている点があります。通常の相談所では、婚活のプロフィールは履歴書のように書きます。内容は現在の状況や過去のことを中心に書きます。しかし、わたしの結婚相談所では、未来の自分を中心にプロフィールをつくってもらっています。

わたしはクライアントさんにこう伝えます。

「いまピッタリの彼氏とばっかりお見合いしても意味がないし、無難なところから手堅く選ぼうとするからズレてくる。だから、『この人だったらイエスと言ってくれそう』みたいなのはやめて」と。

そうではなく、「こんな相手とこんな生活を送れたら最高にうれしい。思わず顔がニヤケちゃう」という、トキメキの未来から逆算して発想してもらいます。

そのために、自分のセルフイメージを書き換える「未来プロフィール」（「予祝プロフィール」）を書いてもらうんです。

書くときのポイントは、未来をニヤニヤしながら素敵な結婚生活を妄想してもらいながら書くこと。その際に、自分の現状をちゃんと認識してもらうこともします。短所に見えるところもちゃんと向き合えば、それに合った自分の魅《み》せ方でカバーできますから。

たとえば、心配性の人は「よく気がつく」、男性が苦手な人は「少し恥ずかしがり屋」とプラスの言葉に置き換えてもらいます。そこからスタートです。また、「少し心配性なところがありますが、そこは明るく考える友達にアドバイスをもらおうと思っています」というふうに対処法も合わせて書けば、欠点でさえプラスの印象を与えることができます。

わたしがお手伝いする人たちは、結婚に対するネガティブイメージを黒予祝してしっかり出して、それに決別してから白予祝をしてもらうので、ゴール設定や結婚している青写真がちゃんと見えています。結婚するイメージを入れて白予祝をし、未来に出会うであろう結婚相手に向けて、その人に届くように予祝プロフィールを書いてもらうのです。

さらにいいのは、「予祝プロフィール」には、白予祝した未来が叶う文章が書かれているので、何度も読むことで、そこに感情も乗っかり、さらに臨場感が高まったイメージ映像を描けるようになることです。

通常の婚活プロフィール

山田花子　28歳　会社員

自己ＰＲ　性格的には穏やかなタイプです。一緒に休日を過ごせる人が希望です。

優しくて頼りがいがある人が希望です。

ぜひ一度会えたらうれしいです。

※未来のシーンや具体的な希望が書いていないために、見た相手もイメージしにくいので感情にも響きません。でも、こういうプロフィールが非常に多いのです。

白予祝してからの予祝プロフィール

山田花子　28歳　会社員

私は素晴らしい愛するパートナーと出会います。

その未来の旦那様とは自然体で、笑顔で接し、心も体も♡お互いの大切にしたいことを大切にし合える信頼関係を築きます。

きれい好きなので部屋も彼のために整理整頓して喜んでもらい、彼と私が心地いい癒しの空間をつくります。少しだけぽっちゃりしてきたところはフィットネスに気を配り、愛される体づくりをしたいと思います。

一緒にパートナーシップを高めて、ワクワク、さらにお互いを好きになっていく未来をつくっていきたいです。

「予祝プロフィール」をつくって、自分で描いた未来に結婚相手を引き寄せていくのが、通常の結婚相談所とはまったく違う点です。

では、前ページにある「通常の婚活プロフィール」と「白予祝してからの予祝プロフィール」を比べてみましょう。

相手との結婚を通じてどういったシーンで人生を充実させたいのか、イメージしやすいプロフィールになっています。自分との共通点があるかなど想像しやすく、相手とどういうふうに過ごしていくかも書いています。

いかがでしょうか。未来のゴールを決めると、イメージが動き出して、その未来に臨場感が出てきます。恋や結婚に対しての、自分の幸せのカタチ、なりたい姿、理想の生活をイメージしながら白予祝をして、五感でその未来を感じて、このあとのワークで「予祝プロフィール」をつくってみてください。

WORK

予祝プロフィール

《恋愛結婚の予祝プロフィール》

まず名前を書く【　　　　　】の予祝プロフィール

❶わたしと恋愛、結婚することで良いところを5個以上書く。

［例］□□□□□□□□□□□□□□□□□□□□□□□□□□□□□□□□□□□

❷相手に対して自分ができる良いこと（喜んでもらえること）を5個以上書く。

［例］□□□□□□□□□□□□□□□□□□□□□□□□□□□□□□□□□□□

❸自分の欠点（変えたいこと）を書く。

［例］□□□□□□□□□□□□□□□□□□□□□□□□□□□□□□□□□□□

❹❸で書いた欠点（変えたいこと）を解決するためにできることを付け加えていく。

［例］遅刻するクセがある⬇待ち合わせする時間の30分前には着くことにしよう

3キロ太った⬇朝は通勤で、ひと駅分を歩くようにしよう

❺理想のパートナーシップを具体的に描こう。

［例］自然体で嘘がなく、いつも笑顔で接する。相手の大切にしたいことをお互いに尊重し合える関係を築く。

最終的に❶から❺の要素を入れて予祝プロフィールに仕上げる。

［予祝プロフィール］

「どーせ最後は付き合っちゃう」の法則（モテ男の告白法初公開）

モテる男は、たいがいイケメンです。でもモテるを超えて、ものすごくモテる男って、実は、カッコよくなかったりするんです。知ってましたか？

友人にシュウという超モテ男がいて、彼も、見た目はけっしてカッコいいわけではないのですが、付き合いたいと思った女性と１００％付き合うことができます（その代わり、不特定多数からモテるわけではないのですが）。

イケメンはふつうにしているだけでモテちゃうので、モテることにほとんど努力していないんです。でも、ものすごくモテる超モテ男の領域になると、そこは努力しないとたどり着けない領域になるので、その努力を欠かさずにできる人となると、案外、イケメンじゃない場合がほとんどなんです。

付き合いたいと思った女性と１００％付き合うことができる超モテ男のシュウのモテ法則は、男性の人には、とくに参考になると思います。

まず彼は絶対にフラれない告白をします。

「好きだよ」って伝えちゃうんです。

でも、絶対にフラれない。

「付き合ってください」と要求しないからです！（笑）

気持ちを伝えただけで、要求してないからフラれようがないんです。

お付き合いすることを要求せず、毎回「大好きだよ」と言い続けるんです。

シュウが大好きになった女性は、そのときに彼氏がいたんです。で、その女性とたまに食事に行くときに「好きだよ」と自分の素直な気持ちを伝え続けました。

それも3年間も……。

当然、彼氏がいるその女性は断り続けるんですけど、断られても彼は全然気にしないんですね。いつか付き合う未来から逆算すれば、いま断られても、どうってことないからです。「食事だけでいいので、たまに付き合ってください」と伝え、たまに食事に行けると、そこでまた「好きです」と告白する。3年間も言い続けたそうです。

でも、付き合ってほしいとは基本言わない。

「ごめんなさい。わたしは好きじゃない」とも言われたそうです。でも、シュウの返しは、「いまは好きじゃなくてもいいけど、未来に付き合う可能性は何％くらいあるかな？」と冗談にして返すんです。深刻に受け止めちゃうと、女性ももう一緒に食事に行くのも気が引けるようになるので、明るくさらっと返すんです。

彼女が「１％」と笑って答えると、

「1％もあるの!?」

と大喜びして、「また、今度、ご飯を一緒に食べるくらいならいい？」と頼むわけです。

シュウは、彼女と付き合うことに執着してないんですが、行動はいつも全力なんです。彼女も「好き」と言われて、悪い気がしない。しかも、断っても彼は明るく流してくれて深刻にならない。

というわけで、好きと言われ続けて3年経って、彼女が彼氏と別れることになって、真っ先に思い出したのは、はい、シュウです。

彼女は最初は付き合う気もまったくなかったそうですが、わたしの人生で、こんなにも好きでい続けてくれた人はいなかったと、あらためてシュウの気持ちに気づいたと言います。

相手のことを好きだけど、そこに執着しないこと。でも常に全力を傾ける。

それってすごく素敵だなって思いました。

女性の幸せのゴールから逆算すると、女性はやっぱり愛されたいんです。
ならば、男性はみんな、彼女に誰よりも「大好き」って伝え続ければいい。
女性は深刻に迫られるのは絶対NG、楽しくないのはNGです。ならば、誰よりも明るく楽しく接し続ければいい。

すると、どーせ最後は付き合っちゃうようです（笑）。

ちなみに、また別のモテ男は、こう女性を口説くと言っていました。

「好きになっていいかな？」

あっ、初めていま、アンダーラインを引きましたね？（笑）

さて、さて、この本の制作は、途中からオンラインでのミーティングに切り替わりました。その打ち合わせの休憩時間のとき、大嶋さんは「ちょっといいですか？」と画面が切り替わると、なんと自宅のピアノに座っており、ポロン♫ポロン♫と、尾崎豊の『I love you』を弾き始めたのです。なんとコロナ禍の自粛期間中にピアノに初挑戦。ひたすら午前中はピアノの練習をしていたそうです。「よくこんな短期間で弾けるようになりましたね」と伝えると、「みんなが喜んで聞いてくれるところを想像したら練習が楽しくて楽しくて」と。

クーーーーーー！！！　さすがミスター逆回転、予祝王子！

どんなときも喜びのゴールからの逆回転でワクワクしながら練習しているんです。モテる男は違いますね。

逆回転の真髄

僕が心理学を学ばせてもらった日本メンタルヘルス協会の衛藤信之先生から教えていただいたことのなかに「天使からもらった魔法の糸手毬《いとてまり》」という話があります。

ある少年が、天使から魔法の糸手毬をもらうのです。

この糸手毬は「人生の時間の糸」でできています。

天使は少年に、この糸手毬を渡すときに注意点を伝えました。

「この糸手毬の糸は早く引っ張ると早く時間が進むし、糸をゆっくりと引くと時間がゆっくり流れるから、大切にして糸の時間をかみしめながら糸を引っ張るんだよ」と。

少年は魔法の糸手毬をもらってうれしくて、糸を引き始めました。子ども時代は親に叱られるばかりだから、早く大人

になりたいと少年は糸をすごいスピードで引きました。すると素敵な若者になっていました。すると早く愛する人と出会いたくなりさらに糸を引きました。すると愛する女性に出会えたのです。

でも、彼女とは遠距離だったので会えないのはイヤだし、早く会いたいと思ってまた糸を引っ張りました。今度は早く結婚したくなりまた糸を引きました。

今度は子どもの顔が見たくなりまたまた糸を早く引きました。子どもが生まれて喜んだものの、病気になってしまったので、またまた糸を早く引っ張り病気を治しました。やがて孫も見たくなりどんどん糸を引きました。

気づいたら、自分がすごく老いていることに気づき、老いの日々はイヤだと思って早く糸を巻いてるうちに、あっという間に寿命が尽きて死んでしまいました……。

という話です。

さあ、あなたはどう感じましたか？

僕らは「明日はもっと幸せにしてください」と祈ります。

衛藤先生はネイティブ・アメリカンの人たちと暮らした時期があるのですが、彼らと生活するうちに「いま、このときを『幸せ』だと思える、強くて優しい感性を与えてください」と祈ることが大切なのだと思えるようになったそうです。

最高の未来から逆回転させて生きるのは、一刻も早くゴールを目指すためではありません。二度とないこの瞬間をときめきながら、味わいながら生きるためです。

なぜ、逆回転させるのか?
それは、未来を味方につけて、
いま、この瞬間を、ときめきながら生きるためなんです。

ドミノ倒ししてありますよね。現在のギネス記録では、449万1863個のドミノ倒しの記録になるそうですが、ではそのドミノのなかで、一番重要なドミノはどれでしょうか?
一番最初のドミノですか? 一番最後のドミノですか?

正解は……すべて重要です。

どれか1個でも倒れなかったらドミノ倒しはそこで終了ですから。

実は、これは人生も一緒です。何が大事で、何が大事じゃないなんてないんです。

あなたに起きた出来事すべてがあなたに必要だったんです。

過去は「これでいいのだ」、そう思えると過去を味方につけられます。未来は「で、ほんとはどうしたい？」、そこに向かうと未来を味方につけられます。

最近、こんなことがありました。仲間4人で車に乗っているとき、僕は助手席に座っていたんですが、ふと後ろを見ると、友人が携帯電話を見て、すごく幸せそうな表情をしていたんです。

15分くらい過ぎて、またふと後ろを見ると、彼はまだ至福の表情で携帯を見ているんです。たとえるなら、覚醒した直後のお釈迦様のような恍惚《こうこつ》とした表情とでもいうのか……。宝くじで5億円でも当たったのかと思い聞いてみると、なんと片思いしてる彼女からメールで届いたスタンプ1枚をひたすら見ていたんです！

付き合ってもいない、片思い中の彼女からのたった1つのスタンプで、こんなに人は幸せになれるんだと僕は衝撃を受けました。

聞いてみると、彼は10年近く彼女がいないんだそうです。そしてその彼は、すごくかわいい女性に恋をしてしまった。周りからは「現実を見なさい」「高嶺《たかね》の花、あきらめなさい」と口々に言われて、彼は深く凹《へこ》んだそうです。

でも、よくよくよく現実を見たら、
これだけ好きになれる人がいるって、
すごく幸せなことじゃないかって気づいたのだそうです。

付き合えてはいないけど、メールすればちゃんと返事もしてくれる。
これってすでにとても幸せなことじゃないかって。

僕は彼の話を聞いていて、わからなくなりました。幸せって何だろうって。
僕の友人で、ものすごくモテる男（イケダ君）がいます。街を歩いていたら映画監督に声をかけられたり、初めて会ったフランスの女の子に「日本に来る前にあなたのことを夢で見た」と口説かれたり、それはそれは一緒にいると、彼だけ異常にモテるのでイヤになります（笑）。（彼いわく、フランスの女の子は、そんなふうに口説いてくることがままあるのだそう。モテ男しか知らない真実ですね！）
でも、待ってください。僕は、このスーパーモテ男のイケダ君より、10年近く彼女がいない先の友人のほうが、恋愛において、より深い幸せを受け取っているのではないかと思ったんです。だって、彼女からのスタンプ1枚で、30分以上、お釈迦様のような至福の表情で微《ほほ》笑《え》んでいられるんです！（笑）

間違いなく、恋愛で受け取る「幸せの総量」は、彼のほうがイケダ君より上回っていることでしょう。彼のほうが恋愛の深い喜びを知っていると言っていい。

なぜ彼はスタンプ1枚で、そこまで幸せを感じられるのか？

10年近く、ずっと恋では報われてこなかったからです。その10年が、スタンプ1枚の幸せの深みを生み出したのです。どんなモテ男より、彼こそ、僕は真の恋愛キングだと思っています。

報われなかった過去のすべてが、そのまま「幸せの深み」になることがあるんです。一見、不運に見える出来事だって、それが想像を超える幸せに誘うドミノたり得るんです。

「今までに、私をフッてくれた人たち、ありがとう。おかげでこの息子《こ》に会えました」木次洋子（「日本一短い手紙」より）

ということなんです。
何も焦って糸を引っ張ることはないのです。

同じ日は二度とない。
人生は、今日しか味わえないことの連続です。
だから今日を祝うのです。
それが「予祝」です。
生きること、それは祝うことです。

逆回転の真髄、それはいま、この瞬間を思いきり味わい、そして祝うことなんです。
二度とない、この、ときめきの瞬間を。
歴史上2人といない、「あなた」という役で。

LAST WORK

恋の予祝マップ

LAST WORK

恋の予祝マップ

「予祝マップ」をつくることで、自分の願う、愛で満たされている人生を視覚化することでゴールが明確になり、潜在意識にもストンと入ります。

あたかもそれが叶ったという感覚を味わいながら、ゆったりした気持ちで未来を味わいながら書いてください。

「予祝マップ」は、できたら「予祝インタビュー」（124ページ）を友達とやったり、もしくは自分でノートに書いてからやるとさらに効果が出ます。

事前に未来のイメージがふくらむ写真をスマホから小さいサイズにして印刷しておきます。写真の題材は未来に好きな人と行きたい場所、着たい服、ヘアスタイル、イメージ、感情を表す表情の写真などもあればよいです。それらを「予祝マップ」にペタペタ貼ります。

「予祝マップ」は手書きで書いてください。手書きするだけでなんと達成率が42％も上がるというデータも出ています。

❶最初に日付、名前を入れて誓約を書く

２０○○年○月○日（時間）

名前［　名前を入れる　㊞　］は、史上最高に愛され、愛する自分になります

❷心ときめくタイトルを付ける

❸左下にあなたの願いが叶ったときのイメージ写真を貼る。理想の恋人のイメージを芸能人の写真で貼るのもあり。自分がときめく写真でリアルな感じで写真を貼り付ける

❹愛（パートナーシップ）においての〝人生の目的〟〝大事にしたい価値観〟を思いつくかぎり書き出す

［例］●喜びや感動をシェアし、悲しみもともに分かち合い乗り越える
●好きな人の1番になる　●嘘をつかない　●自然体でいる

❺❹で書いた言葉を入れながら未来日記を書く

［例］今日は2人で前から行きたかったレストランでディナー。告白なんてできないと思っていたけど、いまの彼には自分から告白して自分でもビックリ。いつもなら緊張してる私だけど、優しい彼とは自然体で付き合えて安心感に包まれている。仕事でつらいとき、彼はいつも相談に乗ってくれて、うまくいったら一緒に喜んでくれる。お互い嘘もないし、信頼し合える関係になれたことがほんとうれしい。

その彼からなんとプロポーズされた。「俺の一番大切な人になってください」って。幸せすぎて泣いちゃった。秋には素敵な花嫁になることを決めました～！　私は私に生まれてほんとうに良かった。私、やったね！

❻未来日記を実現させるための具体的な行動リストを書く

［例］●デートで行きたいレストランを探し友達と事前に行って予祝する。●普段から正直な気持ちをちゃんと周りに伝え、自然体でいることを心がける。●ワクワクしたところに出かける。

❼叶えたいゴールを3つ書く

［例］ステップ1　喜びを分かち合える恋人ができる
ステップ2　恋人の1番の存在になる
ステップ3　周りから祝福されるカップルになる

❽右下のスペースに、願いが叶ったときに喜んでくれる仲間や家族の笑顔の写真、また、みんなに祝ってもらっているイメージの写真を貼る

❾最後に願いがすべて叶ったとして、喜びを込めてハンコを押そう。ポーン！

未来日記を実現するための“行動リスト”
①自分の時間を充実させる → ワインの勉強をする
②居心地の良い家に住む → 掃除する
③気持ちをクリアにしておく → 岩盤浴に行く
叶えたい“ゴール”3つ
ステップ1 パートナーにとって一番大切な存在になる
ステップ2 ヨーロッパクルーズに一緒に行く
ステップ3 日本一の理想のカップルになる

Love♥Yosyuku map

2020年10月13日 [名前] 大国舞香 は、

史上最高に愛され、愛する自分になります。

♥心ときめくタイトル

Beautiful Love Plan

♥愛(パートナーシップ)においての、
私の"人生の目的""大事にしたい価値観"

- 尊敬しあえて魂レベルで成長できる
- 居心地の良さ
- 安心感
- 心のつながり
- 強い信頼関係
- 一緒にいて楽しいこと
- いつも新鮮な気持ちでいられること

♥未来日記

付き合って5年になる
パートナーと一緒に
ヨーロッパ一周旅行へ♥
今でも出会ったばかりの
頃のような新鮮な気持ち
でデートできるのが幸せ。

彼のことはとても
尊敬できるし、一緒に
いると自分も魂レベル
で成長できるんだよ。

普段はお互いに
それぞれ自由に好きな
ことをして人生を
楽しんでいるけど
強い信頼関係で
結ばれているから
会っていない時も心の
つながりを感じられて
安心する

そんな彼からなんと
旅先で「これからも
一緒に楽しいことを
沢山しようね。」と
大きなダイヤの
指輪と共にプロ
ポーズされちゃった

★あとがき★

「人生最後に問われる2つの質問」

by ひすいこたろう

ある方が沖縄でハブにかまれて毒が回り、あの世を彷徨《さまよ》いました。「臨死体験」と言われる現象ですが、臨死体験中、なんと夢か幻か、あの世からの使者が現れて、ある質問をされたそうです。人生最後の瞬間に問われることってなんだと思いますか？

あの世からの使者は、これまでの人生についてこう聞いてきたそうです。

「あなたの人生は、愛された人生でしたか？」

この質問に対して、あの世を彷徨う彼は「はい」とうなずきました。たしかに自分を愛してくれた人はいた……。でも、あの世の使者の質問は、これだけではなかった。もう1つあったのです。あの世の使者は次にこう聞いてきたそうです。

「では、愛しましたか？」

そう聞かれた瞬間、彼は「まだ愛しきれてなかった!!!」という強い後悔が湧き、その瞬間、この世に戻されたそうです。

人生最後に問われることは、「いくら稼いだか？」じゃなかったんです。
人生最後に問われることは、「何をなし遂げたか？」じゃなかったんです。
人生最後に問われることは、「やりたいことをやれたか？」じゃなかったんです。

「あなたの人生は、愛された人生でしたか？」
「そして、あなたは充分に愛しましたか？」

人生最後にそこが問われるんです。

宮崎駿《はやお》監督の監督デビュー作となったアニメ番組『未来少年コナン』。主人公コナン少年の最初の仲間になった少年ジムシー、2人の出会いのシーン、2人の少年の能力はまったく互角に描かれています。しかし、回を追うごとに、コナンの活躍ぶりが大きく目立っていきます。当初はまったく互角の能力だったのに……。

2人の違いは何だと思いますか？

コナンには、人生をかけて守りたい、愛するヒロイン、ラナちゃんがいたからです。そしてコナンには、コナン自身を愛し大切に育ててくれた〝おじい〟がいたからです。愛されること、そして愛することで、少年はヒーローになるという物語が暗に隠れているのです。

そして最終回の26話目を迎えるまでに、当初は1人みなしごのように生きてきたジムシー少年もさまざまな冒険を通してたくさんの仲間たちから愛され、そして愛する恋人もできるのです。

愛されること、そして愛すること。

この2つのなかにすべての幸せが隠れています。

どんなにお金を得て、何かをなし遂げたとしても、それが無人島で1人ならそこにあるのは虚《むな》しさです。人は1人では幸せになれないのです。あなたがいるから満たされるのです。

「あなたの人生は、愛された人生でしたか？　そして充分、愛しましたか？」

この2つの質問に「はい！」と答えられたとき、あなたは自分の人生のヒーロー、ヒロインになれるのです。

この本を、あなたの人生を逆回転させて、あなたの人生最後の日を思い描きながら執筆していました。

「あなたの人生は、愛された人生でしたか？　そして充分、愛しましたか？」

人生最後の瞬間にされるその質問に、「はい。愛されました。そして、愛しきりました！

幸せでした」と最高の笑顔で答えるあなたを想像して。


素晴らしい人生でしたね。深く深くあなたは愛されたね。うれしくて涙があふれちゃうね。

そして思いきり愛し抜いたね。

人は大切にしたものから大切にされます。

おめでとうございます。

あなたの人生に心から拍手を贈ります。


最後にもう1つ、予祝させてください。

この本で、たくさんの予祝をしてきましたが、でも、あなたの人生はその予祝をはるかに
超えていくことでしょう。

あなたの人生に、これから想像を超えるうれしいことが、続々と舞い降りてきます。

あなたはもっともっと幸せになるよ。満たされるよ。

胸に手を当てて、ドキドキ、その喜びの鼓動を感じてみてください。
温泉に浸かっているような、思わず「は〜しあわせ」と声がもれます。
幸せが体からあふれて、あなたは黄金の光に包まれていきます。

では、ラストメッセージ受け取ってください。
ゆっくりページをめくってください。

いいかい？
恋に落ちると、
夜も眠れなくなるときがある。
なぜかって言うとね、
結局現実の方がキミが思い描いていた夢の
何倍もステキだってことさ。

by ドクター・スース（絵本作家）

人生はラブ・ファンタジー。
どんな素晴らしい未来を想像しても
もっとすごい、もっと素晴らしい現実がやってくるからね。
だって宇宙はずっとあなたに恋してるのだから。
胸に手を当てて鼓動を感じてみて。
そのドキドキは宇宙のドキドキだよ。

パチ パチ パチ パチ〜
キミの素晴らしい人生に拍手！

大丈夫
どーせうまくいくよ♡

ひすいこたろう

作家　幸せの翻訳家　天才コピーライター。「視点が変われば人生が変わる」をモットーに、ものの見方を追求。衛藤信之氏から心理学を学び、心理カウンセラー資格を取得。『３秒でハッピーになる名言セラピー』がディスカヴァーMESSAGE BOOK大賞で特別賞を受賞しベストセラーに。他にも『あした死ぬかもよ？』『前祝いの法則』などベストセラー多数。最高傑作は『人生最後の日にガッツポーズして死ねるたったひとつの生き方』（A-Works）
４次元ポケットから、未来を面白くする考え方を取り出す「この星のドラえもんになる！」という旗を掲げ日夜邁進。

■ オンラインサロン『ひすいユニバ』を運営し毎月２回スペシャルレクチャーを配信中。
https://hisui-universe.com（無料で見れるレクチャーも盛りだくさん。遊びにきてね）
■ 自己啓発系お笑いユニット「グリーンズ」を結成し、YouTubeでネタを配信中（「グリーンズチャンネル」ぜひ登録して聞いてみてね）
■ メルマガ『3秒でHappy? 名言セラピー』
■ ひすいこたろうオフィシャルブログ　http://ameblo.jp/hisuikotarou/

大嶋啓介（おおしま・けいすけ）

予祝メンタルトレーナー。株式会社てっぺん代表取締役。日本朝礼協会理事長。人間力大學理事長。1974年1月19日（『いい空気』をつくるために）、三重県桑名市で生まれる。居酒屋から日本を元気にすることを目的に、株式会社てっぺんとNPO法人居酒屋甲子園を設立。てっぺん創業15年で100人以上の経営者を輩出する。2006年には、外食産業にもっとも影響を与えた人に贈られる外食アワードを受賞。てっぺんの「本気の朝礼」は、テレビなどでも話題になり、年間1万人以上が見学に訪れ、企業だけでなく、中学生や高校生の修学旅行のコースになるほどに。2014年より、自身の学びを多くの人に伝えたいという想いのもと「人間力大學」を開校。スポーツのメンタルにも力を入れており、オリンピック日本代表のソフトボールのチームに朝礼研修をおこない、北京オリンピックでは金メダルに貢献。2015～2019年にかけて、高校野球の約100校にチーム強化のためのメンタル研修を行い、そのうちの22校が甲子園出場を果たしている。企業講演・学校講演を中心に、日本中に夢を与えたいという思いで全国的に活動している。

著書に、『世界一ワクワクするリーダーの教科書』（きずな出版）、「読者が選ぶビジネス書グランプ2019」自己啓発部門賞受賞作『前祝いの法則』（フォレスト出版）などがある。

■ 大嶋啓介オフィシャルホームページ　http://oshimakeisuke.com/
■ メルマガ　大嶋啓介人間力の磨き方　http://temperament-ex.com/Lo8540/13242
■ LINE@　https://line.me/R/ti/p/%40jaq8902s
■ 人間力大學ホームページ http://ningenryokudaigaku.com/
■ 予祝1000万人プロジェクト　http://yoshuku.jp/1millionyoshuku/

白鳥マキ（しらとり・まき）

メールコミュニケーション評論家。結婚コンサルティングChange.Me結婚相談所代表。恋愛や結婚に関する相談件数は延べ28年間で1万2000人を超え「恋愛・結婚の女神」と言われる。歯に衣をきせない恋愛相談が人気を博し、全国、海外からもクライアントが訪れ、予約は半年待ち。講演受講者数は延べ3万人を超える。脳科学、心理学を使ったエビデンスある恋愛・結婚の解説は結婚コンサルティングの評論家としてテレビ・新聞・ラジオ・雑誌など多数のメディアに出演。

著書『モテるメール術』（ダイヤモンド社）はロングセラーとなる。

■ 白鳥マキ公式ブログ「結婚のおクスリ」
https://profile.ameba.jp/ameba/kekkon-maki
■ モテる！ LINE メールカレッジ https://mote-mail.com/
■ YouTube チャンネル
https://www.youtube.com/channel/UC5AUT_cAiTEr-EgixBOGDNA
■ Facebook　https://www.facebook.com/shiratorimaki
■ Twitter　https://twitter.com/ShiratoriMaki
■ インスタ　https://www.instagram.com/maki.shiratori

出典・参考文献

『前祝いの法則』
（ひすいこたろう、大嶋啓介著、フォレスト出版、2018年6月）
『予祝ドリームノート』
（ひすいこたろう、大嶋啓介著、フォレスト出版、2019年12月）
『世界一ワクワクするリーダーの教科書』
（大嶋啓介著、きずな出版、2020年1月）
『世界一ふざけた夢の叶え方』
（ひすいこたろう、菅野一勢、柳田厚志著、フォレスト出版、2015年3月）
『実践！ 世界一ふざけた夢の叶え方』
（ひすいこたろう、菅野一勢、柳田厚志著、フォレスト出版、2016年12月）
『「1日10分」で脳が生まれ変わる』
（苫米地英人、イースト・プレス、2009年3月）

スペシャルサンクス

漫画…たっぺん　編集…稲川智士　編集協力…ミッチェルあやか　舞香
デザイン…穴田淳子　ブレイン…杉本 智　ズーム協力…けんじ

1分彼女の法則

2020年11月25日　初版発行

著　　者　ひすいこたろう / 大嶋啓介 / 白鳥マキ
発 行 者　太田 宏
発 行 所　フォレスト出版株式会社
〒162-0824 東京都新宿区揚場町2-18 白宝ビル5F
電話 03-5229-5750（営業）
03-5229-5757（編集）
URL http://www.forestpub.co.jp

デザイン　穴田淳子（a mole design Room）
印刷・製本　日経印刷株式会社

ISBN978-4-86680-096-7 Printed in Japan

特別無料プレゼント

僕たち３人が未来の恋愛のカタチ「Zoom 合コン」（略してズーコン）を体験！　その一部始終をたっぺんに、特別にマンガにしてもらいました。「１分彼女」の新しいバージョンとして、オンラインが活躍する日が、もうそこまでやってきていますよ。果たしてズーコンの行方は？　こうご期待！

http://frstp.jp/kanojyo

※無料プレゼントは Web 上で公開するものであり、小冊子、CD、DVD などをお送りするものではありません。

※上記無料プレゼントのご提供は予告なく終了となる場合がございます。あらかじめご了承ください。